Liebe Frau Ziemer,

Die besten Wünsche zu Ihrem Geburtstag wünscht Ihnen Stefan Ma[illegible]

Viel Spaß beim Kochen und ausprobieren

Liebe Grüße aus Muc.

DER FEINSCHMECKER

EDITION

Stefan Marquards

Koch schule

Fotos: Jan C. Brettschneider

Herausgegeben von der Redaktion DER FEINSCHMECKER

Mit Parmaschinken und Salbei wird Seeteufel zum Saltimbocca

Inhalt

In der Schale serviert: Jacobsmuscheln mit Fenchelmus

In jedem Kapitel verrät Chefkoch Stefan Marquard seine Tricks

mediterran

asiatisch

klassisch

Bewertung der Weine:

- ○ Weißwein etwa 15-25 Mark
- ○○ Weißwein etwa 25-80 Mark
- ● Rotwein etwa 15-25 Mark
- ●● Rotwein etwa 25-80 Mark
- ● Roséwein etwa 15–25 Mark
- ●● Roséwein etwa 25–80 Mark

Die Weinempfehlungen zu Stefan Marquards Rezepten gab Ursula Heinzelmann, Sommelière aus Berlin

Marquards kulinarische Geistesblitze, serviert in den „Drei Stuben" in Meersburg

Kochen soll Spaß machen – keine Mühe.

Stefan Marquard verrät seine Tricks am Herd am liebsten in Aktion: einfach mitkochen! Wir zeigen clevere Handgriffe, die gutes Gelingen sichern. Sechs Kapitel, 48 Rezepte – so bleibt viel Spielraum für zwangloses Kombinieren von köstlichen Menüs – für Einsteiger und Könner!

Dunkle Jus dient Marquard als Kontrast für seine Tellerkunst

Vor dem Restaurant „Drei Stuben" in Meersburg studiert ein Bodensee-Tourist die Speisenkarte im Schaukasten. Er stutzt und schüttelt den Kopf. Was er wohl gelesen hat? „Blutwurst-Käse-Salat mit Schokoladenjus und Gänsestopfleber." Das ist nicht typisch Meersburg. Das ist typisch Marquard.

Blutwurst-Käse-Salat mit Schokoladenjus und Gänsestopfleber – das ist typisch für Marquard

Stefan Marquard gilt als eines der einfallsreichsten Talente an deutschen Herden. Der 35-Jährige ist Mitglied der „Jungen Wilden", einer Gruppe extravaganter Küchenchefs, die mit manchmal waghalsigen Ideen die deutsche Haute Cuisine auffrischen. Da wird ein Fischfilet schon mal testhalber in der Spülmaschine gegart und eben auch Blutwurst mit Schokolade und Gänseleber kombiniert. Marquards Motto lautet: „Erlaubt ist, was schmeckt."

Wir treffen den Koch in der Lobby des Restaurants: Seine wilde, dunkle Lockenmähne ist zum Zopf gebändigt, er trägt silberne Ohrringe, ein Kinnbärtchen, schwarze Bermudashorts, schwere Stiefel und ein graues T-Shirt mit der Aufschrift „Wurstbrot". Marquard liebt Wurstbrot. Schließlich begann er seine Karriere als Lehrling in der „Metzgerei Kiesel" im fränkischen Volkach, eine Ausbildung als Koch im Würzburger Hotel „Rebstock" hängte er gleich dran. Der Bub wäre zwar ebenso gerne Treppenbauer geworden, aber seine Mutter hatte ihm geraten: „Lern' Koch, g'fressen wird immer!"

Den Unterschied zwischen Sattmachern und guter Küche lernte Marquard im „Grauen Haus" in Oestrich-Winkel und im Gasthof „Rottner" in Nürnberg. Sein Faible für italienische *cucina* entdeckte er während seiner Zeit mit Italienfreund Adalbert Schmitt, dem Patron der „Schweizer Stuben" in Wertheim. Schmitt schickte den jungen Koch für ein Jahr quer durch Italien, wo er die klassische Hausfrauenküche, die *cucina casalinga,* lieben lernte. Zurück in Deutschland krönte Adalbert Schmitt den damals 24-jährigen Stefan Marquard – noch mit kürzeren Haaren und etwas braverem Outfit – zum Küchenchef seiner italo-germanischen „Taverna La Vigna" in der Nachbarschaft der „Schweizer Stuben".

1991 wurde Marquard Küchenchef in den Meersburger „Drei Stuben". Seine Markenzeichen: Stirnband statt Kochmütze, Punkmusik statt Restaurant-Vivaldi, Crossover statt Nouvelle Cuisine. Als wir zum ersten Mal Marquards Küche betreten, stellen wir fest: Hier kocht ein Team, das zusammenpasst. Kein Koch ohne Ziegenbart, aber alle mit individueller Note: Simon Metzler trägt eine weiße Pudelmütze und seine Hose auf Halbmast, Michael Kammermeier („Heinzi" genannt, weil er bereits in Heinz Winklers „Residenz" kochte) hat ein kleines Piratentuch und darüber eine hochgeschobene Sonnenbrille auf dem Kopf. Die Köche flitzen wie auf Inline-Skates über den Küchenboden und arbeiten genauso zackig wie Küchenteams, die braver aussehen. Aber wenn Stefan Marquard einen fertig angerichteten Teller mit Sauce verziert, erinnert das nicht an fein getupften

Flippiges Duo in Aktion:
Die Köche „Heinzi“ (links) und Simon richten an

Tomatensuppe. Im Cocktailglas! Geeiste Tomatenessenz. Mit Granité on top! Vielleicht ein Stück Kalbskopf wie einen Zitronenschnitz ans Glas stecken?

Pointillismus anderer Meisterköche, sondern an Jackson Pollock, den amerikanischen Kleckskünstler. Organisierte Unordentlichkeit scheint beim „Jungen Wilden" die Devise.

Nach dem Service – gegen 23 Uhr – treffen sich Marquard, und sein Küchenschef Michael Schuster sowie die „Drei Buben" (Simon Metzler, „Heinzi" Kammermeier und Steven „Eggi" Mulholland) zum „Karte machen", einem Brainstorming, das alle zwei Wochen in der gemeinsamen Wohnung der drei jungen Köche stattfindet. Dort dürfen wir miterleben, wie das Team der „Drei Stuben" zu seinen Ideen gelangt. Im Fernsehgerät läuft der Musiksender „VIVA" ohne Ton, aus der Stereoanlage dröhnt Punkrock, der Chef schenkt sich erst mal ein Weizenbier ein und zündet sich eine Zigarette an. Dann feilen die Köche an ihren Ideen – oft bis vier Uhr morgens oder später.

Eine kalte Suppe soll auf die neue Speisenkarte. Tomatensuppe. Am besten im Cocktailglas serviert. Geeiste Tomatenessenz. Mit Granité on top! Vielleicht ein Stück Kalbskopf wie einen Zitronenschnitz auf den Glasrand stecken? Nein. „Da fehlt der Gag an der G'schicht", fränkelt Marquard. Vielleicht gebackene Ravioli. Mit kaltem Tatar drin. Tunfisch! „Das wär' cool." Mozzarella? „Tomate und Mozzarella ist ja wohl das Langweiligste überhaupt!" Rahmkraut? Rahmkraut! Finished. Schlichter Name des Gerichts: Tomatensuppe mit Tunfischtatar und Rahmkraut. „Da hat der Gast drei Aha-Erlebnisse", sagt Marquard. Genau darauf kommt es ihm an: Marquard will überraschen und ungewöhnliche Verbindungen schaffen. Auf kitschige und aufwendige Teller-Ikebana verzichtet er. Sein Credo: „Ein cleverer Koch erledigt seine Arbeit so schnell, so genial und so faul wie möglich." Das macht Marquard zu einem guten Kochlehrer: Ohne großen Aufwand können auch Neulinge mit seinen Tricks maximalen Genuss und Erfolg erzielen.

„Stefan Marquards Kochschule" haben wir diesen Band getauft. Die sechs Folgen seiner Kochschule aus dem FEINSCHMECKER ergänzt Marquard hier durch detaillierte Rezepturen. Wie in unserem Genießer-Magazin zeigen die ersten drei Abschnitte Handgriffe und köstliche Speisen für Einsteiger, Fortgeschrittene und Könner, danach präsentiert der Chefkoch seine Lieblingsgerichte aus der mediterranen, der klassisch-deutschen und der asiatischen Küche. Außerdem erklärt er unkompliziert die Zubereitung von Saucen, Fonds und Snacks.

Balanceakt vom Koch Michael Schuster

Teller in der Warteschleife – das Styling folgt noch

Einige Rezeptideen hatte Marquard bereits, aber der letzte Pfiff kommt immer erst beim Planen der Fotoproduktion des nächsten Tages – oder spontan beim Kochen. Fürs mediterrane Kapitel zum Beispiel fehlte noch ein Fischgericht. *Branzino*, also Wolfsbarsch, sollte es sein – das stand fest. Aber wie servieren wir ihn? Marquards Geistesblitz am Vorabend des Shootings: Wir machen einen Rollmops draus und lassen ihn in saurer Gemüsenage schwimmen. Gefüllt ist die Fischrolle mit Paprikawürfelchen, zuvor angeschwitzt mit Rosmarin, Thymian und Knoblauch. Stets ist dieses würzende Dreigestirn in Marquards Rezepten präsent: Thymian, Rosmarin und Knoblauch, den er nicht geschält durch die Presse drückt, sondern als ganze Zehen mitschmort. Und seine beiden Lieblingskräuter („damit schmeckt's immer") würzen auch deutsche Klassiker wie etwa Semmelknödelsalat.

Es gibt Zutaten, an denen hängt der gelernte Metzger einfach: „Kutteln müssen ins Kochbuch, Kutteln sind mein Leben!", sagt er, als wir die Rezepte für das klassisch-deutsche Kapitel dieses Buches planen. „Zu Blutwurst und Zander?", überlegt der Chef. „Perfekt! Passt super. Mach'mer Champagnerkutteln." Was seltsam klingt, essen wir nach dem letzten Foto vom angerichteten Teller restlos auf, auch wenn es schon etwas abgekühlt ist. Wir können nicht anders, die Kombination ist einfach zu köstlich.

Kutteln zu Blutwurst und Zander? Passt super!

Besonders kühn wurde Marquard im Asien-Kapitel. Auf seinen Reisen durch viele fernöstliche Länder hat der Koch in fremde Töpfe geschaut. Er hat Scharfmacher wie Tom-Yam-Suppe und Thai Chicken Curry sowie aufwendige Festessen wie Peking-Ente kennen gelernt. Marquard kommt es bei diesen Gerichten jedoch nicht darauf an, sie möglichst perfekt nachzuempfinden – also werden chinesische Dim Sum mit Wasabi, grünem japanischem Meerettich, gewürzt.

Als wir ein asiatisches Dessert suchen, stutzt der Chefkoch. Da fällt ihm zunächst nur ein „Schneefrosch in der Kokosnuss" ein, den er einmal für 75 Dollar in Bangkok aß. „Das war aber nicht so toll", erinnert er sich und schießt gleich nach: „Weißt', was 'mer machen: Kaltschale. Das ist der Hammer!" Als Stefan Marquard über die Kaltschale nachgrübelt, wird er plötzlich ganz ruhig, starrt geradeaus, zupft an seinem Ziegenbärtchen und vergisst sogar, an seiner Zigarette zu ziehen. Das dauert etwa drei Minuten. Dann entspannt er sich, hebt die Hände über den Kopf, beginnt zu lächeln und sagt: „Ich hab's". Sein Geniestreich: Kokos-Zitronengras-Kaltschale mit Mango-Chili-Spaghetti und Grüntee-Eis. Die süß-sauer-scharf-herbe Liaison zwingt das gesamte Produktionsteam in die Knie: Nach der letzten Belichtung hocken wir uns um den angerichteten Teller, naschen alles weg und lecken selbst unsere Löffel ab. Dem Koch gefällt seine neue Kreation so gut, dass er sie wohl bald auf der Speisenkarte der „Drei Stuben" anbieten wird. Damit versetzt Marquard dann sicher wieder manchen Bodensee-Besucher ins Staunen – und lässt seine Fans schwärmen.

Bettina Billerbeck, Redakteurin DER FEINSCHMECKER

Für die letzte Prise Pfiff sorgt der Chef persönlich

1

Einsteiger

Mit Marquards Rezepten
für Pasta, Pfannkuchen und
Rinderfilet trauen sich auch
Neulinge an den Herd.
Und die drei einfachen, aber
köstlichen Saucen sind
ganz schnell angerührt. Denn
auf umständliche Prozeduren
verzichtet der Küchenchef:
Seine Art zu kochen ist klar
und nachvollziehbar.
Also: ab in die Küche und
ran an die Töpfe!

Für 4 Personen
Schwierigkeitsgrad: leicht
Zubereitungszeit: 1 1/4 Stunden

Zutaten:

Schmorgurken:

1 Salatgurke, 1 Essl. Olivenöl, 2 Thymianzweige, 1 angedrückte Knoblauchzehe, 1 Teel. Zucker, Salz, Pfeffer aus der Mühle, 5–6 Essl. Aceto balsamico, 0,15 l Geflügelfond, 1/2 Essl. geschnittener Dill

Gurkensalat:

1/2 Gurke, Salz, 100 g Jogurt, 1–2 Essl. Kräuteressig, 1 Teel. geschnittener Dill, Pfeffer, 1 Prise Zucker

Gurkenkaltschale:

1/2 Gurke, 250 g Jogurt, 1–2 Essl. Noilly Prat (frz. Wermut), 1/2 Essl. fein geschnittener Dill, Salz, Pfeffer, 1 Prise Zucker, 1 Prise gemahlener Koriander

Krautstrudel:

4 Essl. Schweineschmalz, 1 kleine gewürfelte Zwiebel, 50 g klein gewürfelter Parmaschinken, 300 g Sauerkraut, 0,25 l Weißwein, Salz, 1/2 Teel. Zucker, 1 Teel. Kümmel, 1/2 Teel. Senfkörner, 1 Lorbeerblatt, 1 Gewürzsäckchen mit Wacholder und Gewürznelke, 0,25 l Geflügelfond, 2 Blätter Strudelteig, 1 verquirltes Ei zum Einpinseln des Strudelblatts, Friséesalat zur Dekoration

Schmorgurken:

Gurke der Länge nach aufschneiden, Kerne entfernen. In gleichmäßige Stücke schneiden. Olivenöl erhitzen, Gurke mit Thymian und Knoblauch darin anschwitzen. Mit Zucker karamellisieren und mit Salz und Pfeffer würzen. Mit Aceto balsamico ablöschen. Geflügelfond angießen und samtig einkochen lassen. Thymianzweige und Knoblauchzehe herausnehmen. Dill unterrühren.

Gurkensalat:

Gurke in feine Scheiben schneiden, salzen, etwa 10 Minuten ziehen lassen. Salz abspülen, Gurkenscheiben trockentupfen. Jogurt und Kräuteressig verrühren, mit Dill, Pfeffer, Salz und Zucker abschmecken. Gurkenscheiben unterrühren.

Gurkenkaltschale:

Gurke im Mixer pürieren. Jogurt, Noilly Prat und Dill hinzufügen, nochmals mixen und mit Salz, Pfeffer, Zucker und Koriander abschmecken.

Krautstrudel:

2 Essl. Schweineschmalz in einem Topf erhitzen. Zwiebel- und Schinkenwürfel darin anschwitzen. Sauerkraut hinzufügen, kurz mit anschwitzen. Mit Weißwein ablöschen. Salz, Zucker, Kümmel, Senfkörner, Lorbeerblatt und Gewürzsäckchen hinzufügen. Geflügelfond angießen und Sauerkraut in etwa 30 Minuten weich kochen. Kalt werden lassen, dann Lorbeer und Gewürzsäckchen entfernen. Kraut gut ausdrücken. Strudelblätter ausbreiten, Kraut gleichmäßig dünn darauf verteilen und zwei Strudel aufrollen (siehe unten). In 2–3 cm dicke Scheiben schneiden. Ofen auf 180 Grad vorheizen. In einer Pfanne 2 Essl. Schmalz erhitzen, Strudelscheiben von beiden Seiten darin anbraten. Scheiben auf ein Gitter setzen und für etwa 10 Minuten in den Ofen schieben.

Anrichten:

Schmorgurken, Gurkensalat und Krautstrudel auf einem Teller anrichten und mit Friséesalat garnieren. Gurkenkaltschale extra reichen.

Weintipp:

∘ 1998er Niersteiner Auflangen Riesling Qualitätswein trocken, St. Antony, Nierstein, Rheinhessen
∘ ∘ 1996er Riesling Grand Cru Schlossberg, Domaine Weinbach (Colette Faller et ses Filles), Kaysersberg, Elsass, Frankreich

Gurken entkernen:

Marquard viertelt sie der Länge nach und enfernt die Samen mit einem glatten Schnitt. Für den Gurkensalat schneidet er das Fleisch in Scheiben, salzt sie leicht und lässt sie ein paar Minuten stehen, damit sie Wasser verlieren und Biss bekommen.

Strudel aufrollen:

Strudelblatt längs auf einem sauberen Küchenhandtuch ausbreiten. Kraut gleichmäßig dünn darauf verteilen, dabei den oberen Rand 5–10 cm frei lassen und mit verquirltem Ei einpinseln. Die untere Kante zwei- bis dreimal umfalzen und hochbiegen. Das Küchenhandtuch anheben und den Strudel vom unteren Rand angefangen fest aufrollen. Danach den oberen Rand gut andrücken, damit er sich beim Braten der Strudelscheiben nicht löst.

«Gemüsegurken schälen? Nur wenn die Schale bitter schmeckt.»

Variationen von der Gurke **mit Krautstrudel**

Für 4 Personen

Schwierigkeitsgrad: leicht

Zubereitungszeit: 1 ¼ Stunden

Zutaten:

400 g mehlig kochende Kartoffeln, 1 Essl. Butter, Salz, frisch geriebener Muskat, ½ verrührtes Ei, Kartoffelstärke nach Bedarf, 0,1 l Olivenöl, 1 kleines Bund grob gehacktes Basilikum, 2–3 geschälte Knoblauchzehen, 40 g Pinienkerne, Pfeffer aus der Mühle, 1 Prise Zucker, Saft von ½ Zitrone, 50 g geriebener Parmesan, 1 Zucchino (in dünne Scheiben geschnitten), 1 gewürfelte Tomate, 12 Riesengarnelen, gemahlener Koriander, 1 Essl. gehackte glatte Petersilie, 1 Teel. Thymianblättchen, 1 Teel. Dill

Pestognocchi:

Kartoffeln in der Schale kochen. Im auf 100 Grad erhitzten Ofen kurz ausdämpfen lassen. Pellen und durch eine Kartoffelpresse drücken. Mit Butter glatt rühren, mit Salz und Muskat würzen. Ei unterrühren. Bei Bedarf etwas Kartoffelstärke hinzufügen, bis der Teig relativ fest ist. Einen Gnoccho zur Probe kochen – fällt er auseinander, braucht der Teig mehr Stärke. Den noch warmen Teig kurz kneten und sofort Gnocchi formen (siehe rechts). Die Gnocchi in Salzwasser kochen. Wenn sie an die Wasseroberfläche aufsteigen, noch 2–3 Minuten ziehen lassen, dann herausnehmen und abtropfen lassen. Backblech mit ½ Essl. Olivenöl durchschwenken, Gnocchi darauf ausbreiten und abkühlen lassen. Restliches Olivenöl im Mixer mit Basilikum, Knoblauch und Pinienkernen zu einem Pesto mixen. Mit Salz, Pfeffer, Zucker und Zitronensaft abschmecken. Parmesan unterrühren. Gnocchi durch das Pesto schwenken.

Al cartoccio:

Pro Person ein etwa 40 x 60 cm großes Stück Pergamentpapier hochkant hinlegen. Gnocchi darauf verteilen. Zucchinischeiben und Tomatenwürfel leicht salzen und pfeffern, Garnelen mit Salz, Pfeffer und Koriander würzen und mit den Gnocchi mischen. Mit Petersilie, Thymian und Dill bestreuen. Pergament verschließen (siehe unten). Etwa 15–20 Minuten im 150 Grad heißen Ofen garen.

Anrichten:

Geschlossene Pergament-Taschen auf Teller setzen und aufreißen. Im geöffneten Pergament servieren.

Weintipp:

○ 1996er Capitel San Rocco, Fratelli Tedeschi, Pedemonte di Valpolicella, Venetien, Italien

○ ○ 1997er Arneis, Bruno Giacosa, Neive, Piemont, Italien

Riesengarnelen ausbrechen:

Kopf vom Rumpf trennen, den Rückenpanzer stückweise abschälen. Mit einem sehr spitzen Messer am Kopfende einstechen, den dunklen Darm zwischen Messer- und Daumenspitze klemmen und langsam nach unten herausziehen. So bleibt das Tier ganz. Man kann es auch am Rücken aufritzen und von dort aus den Darm entfernen.

Gnocchi formen:

Aus dem noch warmen Teig etwa 2 cm dicke Teigwürste rollen und mit Kartoffelstärke bestäuben. Kleine Stücke abschneiden und zu Kugeln mit etwa 2 cm Durchmesser rollen. Zum Formen mit der Gabel (am besten vorher mit etwas Mehl bestäuben!) gibt es zwei Möglichkeiten:
(1) In die Handfläche legen, mit der Rückseite einer Gabel 3–4-mal hin und her rollen. So entstehen die länglichen Gnocchi.
(2) Piemonteser Gnocchi: Kugel in die Handfläche legen und mit der Rückseite der Gabel über die Gabelspitzen rollen.

Al cartoccio

In die Mitte der unteren Hälfte des Pergamentpapiers das Gericht verteilen. Die untere und die seitlichen Kanten mit Eigelb bestreichen. Papier zuklappen, die drei Ränder wieder mit Eigelb bestreichen und zum Schließen etwas hochwickeln – bis auf ein kleines Loch am Falz. Dort einen Strohhalm hineinstecken und das Paket vorsichtig aufblasen, dann das Loch mit Eigelb zukleben. „Das Paket wird in meinem Restaurant vor dem Gast aufgerissen – da strömt ihm eine herrliche Duftwolke entgegen."

Pestognocchi al cartoccio

mit Garnelen und Zucchini

Spaghettini ai peperoncini im Artischockensud

«Heu und Stiel der Artischocken dürfen nicht in den Sud – sonst wird er bitter!»

Zutaten:

3 Essl. Olivenöl, 3 Essl. Butter, 4 große, in Stücke geschnittene Artischockenböden, 3 angedrückte Knoblauchzehen, 3–4 kleine Thymianzweige, 1 klein geschnittene Tomate, Salz, 1 Prise Zucker, 1–2 Chilischoten, 0,125 l Weißwein, 0,125 l Geflügelfond, 1 kleine, geschälte Kartoffel, 250 g Spaghettini, 2 fein gewürfelte Knoblauchzehen, 2 Essl. geschnittene Blattpetersilie, 50 g geriebener Parmesan

Für 4 Personen

Schwierigkeitsgrad: leicht

Zubereitungszeit: 40 Minuten

Artischockensud:

2 Essl. Olivenöl und 1 Essl. Butter erhitzen. Artischocken, 3 Knoblauchzehen und Thymian darin anbraten. Tomaten hinzufügen. Mit Salz, Zucker und 1/2 Teel. fein gewürfelter Chilischote würzen. Mit Weißwein ablöschen. Wein ganz einkochen lassen. Geflügelfond angießen und aufkochen lassen. Etwas Kartoffel zum Binden hineinreiben. Alles samtig einkochen. Thymian und Knoblauchzehen herausnehmen.

Spaghettini ai peperoncini:

Spaghettini *al dente* (bissfest) kochen, gut abtropfen lassen. 1 Essl. Olivenöl in einer Pfanne erhitzen. Gewürfelten Knoblauch und restliche Chilischote in dünnen Ringen darin goldgelb anschwitzen. 2 Essl. Butter hinzufügen und Spaghettini durchschwenken. 1 Essl. Petersilie unterheben.

Anrichten:

Artischockensud auf Tellern verteilen, Spaghettini darauf setzen. Mit geriebenem Parmesan bestreuen und mit der restlichen Petersilie garnieren.

Weintipp:

∘ 1997er Soave Cru Calvarino, Pieropan, Soave, Venetien, Italien

∘∘ 1995er Châteauneuf-du-Pape blanc, Château de Beaucastel, Courthézon, Rhône, Frankreich

1

2

Artischocken

sind mit einem einfachen Handgriff vorbereitet (1): bei großen Exemplaren den Stiel von allen Seiten anbrechen und ruckartig zusammen mit den anhaftenden zähen Fasern herausziehen. Bei kleineren Blüten den Stiel nicht ganz abschneiden, sondern schälen. Dann die unteren Blätter abbrechen, bis die weicheren und helleren zum Vorschein kommen. Von den oberen Blattspitzen etwa zwei Drittel abschneiden. Anschließend halbiert Marquard die Artischocken und kratzt mit einem Kugelausstecher das Heu heraus (2). In Zitronenwasser eingelegt, bleiben alle Schnittflächen appetitlich hell.

Kräuterpfannkuchen mit Spargelgemüse

und geschmorten Kirschtomaten

Für 4 Personen

Schwierigkeitsgrad: leicht

Zubereitungszeit: 1 Stunde
plus 2 Tage Ruhezeit

Kirschtomaten:

Ofen auf 160 Grad vorheizen. In einer Pfanne Olivenöl erhitzen, Kirschtomaten mit Rosmarin, Thymian, Knoblauch und Sternanis anbraten. Mit Fenchel, Kreuzkümmel, Kardamom und Koriander abschmecken. Salzen, pfeffern und mit Weißwein ablöschen. Für etwa 20 Minuten in den Ofen schieben. Geschmorte Kirschtomaten und Kräuter in ein verschließbares Glas füllen und am besten zwei Tage ziehen lassen.

Kräuterpfannkuchen:

Mehl mit Eiern und Milch vermengen. Mit Salz, Pfeffer, Muskat und gebräunter Butter verrühren. Etwa 1 Essl. Schnittlauch dazugeben. Butter in einer beschichteten Pfanne zerlassen und von beiden Seiten hauchdünne Pfannkuchen backen, bis der Teig verbraucht ist. Pfannkuchen zwischen Backpapier warm halten.

Spargelgemüse:

In einem Topf Wasser mit Salz, ½ Essl. Zucker und Zitronensaft zum Kochen bringen. Spargel etwa 10 Minuten darin kochen. Herausnehmen und in Stücke schneiden. Spargelfond aufbewahren. 2 Essl. Butter in einer Pfanne erhitzen, Spargelstücke hineingeben und nach Geschmack mit etwas Zucker glasieren. 1–2 Essl. Spargelfond und restliche Schnittlauchröllchen dazugeben.

Anrichten:

Einige Spargelstücke auf die Pfannkuchen geben und diese jeweils mit einem Schnittlauchhalm zu Säckchen zusammenbinden. Pfannkuchen mit geschmorten Tomaten und einigen glasierten Spargelstücken anrichten. Mit Schnittlauchröllchen, dünnen Frühlingszwiebelringen und Kerbelblättchen garnieren.

Weintipp:

∘ 1998er Sauvignon blanc, Viña Errázuriz, La Escultura Vineyard, Casablanca Valley, Chile

∘∘ 1997er Chardonnay Collezione De Marchi, Isole e Olena, Barberino Val d'Elsa, Toskana, Italien

Zutaten:
Kirschtomaten:

2–3 Essl. Olivenöl, 20 Kirschtomaten, je 1 Rosmarin- und Thymianzweig, 1 angedrückte Knoblauchzehe, 1 Sternanis, je ½ Teel. Fenchelsamen, Kreuzkümmel, Kardamom und gemahlener Koriander, Salz, Pfeffer aus der Mühle, 3–4 Essl. Weißwein

Kräuterpfannkuchen mit Spargelgemüse:

50 g Mehl, 2 Eier, 0,125 l Milch, Salz, Pfeffer, geriebener Muskat, 1–2 Essl. gebräunte Butter, 1 Bund Schnittlauch in Röllchen, Butter zum Braten und Glasieren, 1 Essl. Zucker, Saft von 1 Zitrone, 500 g geschälter weißer Spargel, blanchierte (kurz in Wasser gekochte und in Eiswasser abgeschreckte) Schnittlauchhalme zum Zubinden, dünne Frühlingszwiebelringe und Kerbelblättchen für die Dekoration

Spargel schälen:

Wenn die Stangen beim Schälen zum Beispiel auf einen umgedrehten Topf gestützt werden, fallen die Schalen automatisch nach unten und verheddern sich nicht im Sparschäler. Dabei beachten: immer 4–5 cm unterhalb des Spargelkopfes mit dem Schälen beginnen. Marquard zieht die geschmacksintensiveren mittelstarken Stangen den eher wässrigen dicken vor. Und: „Lila Köpfe schmecken am besten."

«Superdünne Pfannkuchen? Erst mal nur einen Löffel Teig in die Pfanne geben – und die dann so lange schwenken und kippen, bis der Teig den Boden bedeckt.»

Das schmeckt nach Mittelmeer: Mit Knoblauch und Rosmarin, mit Thymian und einem Klacks Butter kocht Stefan Marquard am liebsten. Die Kräuter kommen als ganze Zweige in die Pfanne und verströmen ihr Aroma bis zum Anrichten. Zum Knoblauchpressen hat Stefan Marquard keine Lust. Geht es um Kurzgebratenes in der Pfanne oder um den guten Geschmack in Fond und Sauce, drückt der Küchenchef die ungeschälte Zehe einfach nur an – zum Beispiel zwischen Handballen und Arbeitsplatte. So entweicht dem Knoblauch nur ein feiner Hauch, aber er dominiert nicht das Gericht. Mit einem Löffel Butter und einer Prise Zucker karamellisiert oder glasiert Marquard feines Gemüse. Das verstärkt das Eigenaroma bis zum Maximum.

Spinat-Ziegenkäse-Ravioli
mit Landei

«Frischkäse eignet sich als Füllung am besten. Reifer Chèvre wird zu mehlig!»

Für 4 Personen
Schwierigkeitsgrad: leicht
Zubereitungszeit: 1 Stunde

Zutaten:

4 Essl. Butter, 1 kleine gewürfelte Zwiebel, 1 angedrückte Knoblauchzehe, 500 g blanchierter, gehackter Spinat, Salz, Pfeffer, frisch geriebener Muskat, 2 Teel. Mehlbutter (geknetet aus gleichen Teilen Mehl und Butter), 150 g Ziegenfrischkäse, 1 Msp. Curry, 500 g Ravioliteig (Marquards Nudelteig siehe S. 100), 8 Eigelbe von sehr frischen Landeiern, 1 verquirltes Ei, 50 g gehackte Pinienkerne, 60 g gehobelter Parmesan

Spinat-Ziegenkäse-Ravioli:

2 Essl. Butter in einer Pfanne zerlassen. Zwiebelwürfel und angedrückten Knoblauch darin anschwitzen. Spinat einrühren, mit Salz, Pfeffer und Muskat abschmecken. Über einem Topf in ein Sieb geben, gut ausdrücken. Den Fond im Topf einmal aufkochen und mit Mehlbutter binden. Ziegenkäse in den Fond rühren, mit Curry würzen. Spinat wieder dazugeben und auskühlen lassen. 8 Ravioli füllen (siehe unten links) und in heißem Salzwasser etwa 4 Minuten ziehen lassen. Mit einem Schaumlöffel herausnehmen. 2 Essl. Butter mit gehackten Pinienkernen in einer Pfanne erhitzen, Ravioli darin vorsichtig schwenken.

Anrichten:

Je 2 Ravioli auf vorgewärmte Teller gleiten lassen und mit gehobeltem Parmesan bestreuen.

Weintipp:

○ 1998er Sauvignon blanc Sanct Valentin, Kellereigenossenschaft Sankt Michael-Eppan, Südtirol, Italien

○○ 1997er Weißburgunder & Chardonnay, Karl H. Johner, Bischoffingen, Kaiserstuhl, Baden

Ravioli füllen:

Ravioliteig zu gleich großen, dünnen Nudelbahnen ausrollen. 8 großzügig gehäufte Esslöffel Füllung in genügend großen Abständen darauf setzen. Jeweils in die Mitte der Füllungen eine Mulde drücken. Je ein Eigelb in jede Mulde setzen. Teig zwischen den Füllungen mit verquirltem Ei bestreichen. Mit einer weiteren Nudelbahn bedecken und den Teig in den Zwischenräumen gut andrücken – dabei die Luft herausdrücken. 8 große Ravioli mit dem Teigrädchen ausschneiden.

Spinat blanchieren:

**Geputzte und gewaschene Blätter in einer Seihe oder einem Sieb möglichst dicht zusammendrücken.
Mit reichlich kochendem Salzwasser begießen und sofort kaltes Wasser nachgießen, damit der Spinat seine Farbe behält.**

«Blanchieren macht nur Sinn, wenn das Gemüse fürs Weiterverarbeiten weich und flexibel sein muss, etwa Weißkraut für Krautwickel oder Lauchstreifen für Fischpäckchen.»

Steinbeißerfilet, in Paprikabutter gebraten, auf Pilzkompott mit Lauchzwiebeln

Zutaten:

100 g Butter, je ½ rote und gelbe Paprikaschote (gewürfelt), 3 angedrückte Knoblauchzehen, 2 Thymianzweige, Zucker, Salz, Pfeffer aus der Mühle, 1 kleines Bund Petersilie (fein geschnitten), 4 Steinbeißerfilets (je 150 g), gemahlener Koriander, 4 Essl. Olivenöl, 600 g geputzte gemischte Pilze, 2 Rosmarinzweige, 0,125 l Geflügelfond, 1 kleine, geschälte Kartoffel, 1 kleines Bund geputzte Lauchzwiebeln

Für 4 Personen
Schwierigkeitsgrad: leicht
Zubereitungszeit: 40 Minuten

Steinbeißerfilet:

Ofen auf 180 Grad vorheizen. 60 g Butter in einer Pfanne schmelzen. Paprikawürfel, eine Knoblauchzehe und Thymian hinzufügen, dünsten. Mit Zucker, Salz und Pfeffer würzen, die Hälfte der Petersilie unterrühren. Steinbeißerfilets mit Salz, Pfeffer und Koriander würzen. Von beiden Seiten in der Paprikabutter anbraten. Fischfilets danach 5–6 Minuten lang im Ofen garen.

Pilzkompott:

Olivenöl und 20 g Butter in einer Pfanne erhitzen. Darin Pilze, eine Knoblauchzehe und Rosmarin anbraten. Mit Salz, Pfeffer und Zucker würzen. Restliche Petersilie dazugeben. Mit Geflügelfond ablöschen. Etwas Kartoffel zum Binden hineinreiben und cremig einkochen. Die Rosmarinzweige und Knoblauchzehe herausnehmen.

Frühlingszwiebeln:

In einer Pfanne 20 g Butter zerlassen. 1 Teel. Zucker darin karamellisieren. Lauchzwiebeln anschwitzen, eine Knoblauchzehe und Salz hinzufügen. 1–2 Essl. Wasser dazugeben, und die Lauchzwiebeln unter vorsichtigem Rühren kurz glasieren.

Anrichten:

Pilze anrichten. Je ein Steinbeißerfilet darauf legen und mit Lauchzwiebeln garnieren.

Weintipp:

o 1998er Viña Sol, Miguel Torres, Villafranca del Penedès. Spanien
o o 1997er „Mimus" Spätburgunder Qualitätswein trocken , Dr. Heger, Ihringen, Kaiserstuhl, Baden

1

2

Zwei Arten der Gemüsezubereitung, die das Eigenaroma verstärken (1): Beim Glasieren im Topf wird das Gemüse in einer erhitzten Mischung aus Zucker, Salz, Knoblauch und etwas Wasser geschwenkt. In der Pfanne wird das Gemüse mit Salz, Pfeffer, Knoblauch und Thymian in Olivenöl gebraten, vor dem Anrichten werden Butterflocken und Zucker zugefügt. Frühlingszwiebeln im Vergleich (2): roh (von oben, im Uhrzeigersinn), blanchiert, gebraten und glasiert

Zutaten:

600–700 g Rinderfilet am Stück (am besten aus der Mitte), Salz, Pfeffer aus der Mühle, 2 Essl. Pflanzenöl, je 1 gelbe und rote Paprika (je 150 g, in Rauten geschnitten), 1 Zucchino (150 g, in Scheiben geschnitten), 1 Bund geputzte Lauchzwiebeln, 1 kleiner Rosmarinzweig, 1 angedrückte Knoblauchzehe, 1 Prise Zucker, 1 Essl. frisch gehackte Kräuter (Kerbel, Schnittlauch, glatte Petersilie), 1–2 Essl. Weißwein, 0,25 l Rinderfond, 1 Teel. Butter, 1–2 Essl. Olivenöl, Basilikumbättchen für die Dekoration

Für 4 Personen
Schwierigkeitsgrad: leicht
Zubereitungszeit: 40 Minuten

Rinderfilet:

Backofen auf 180 Grad vorheizen. Rinderfilet salzen und pfeffern. Pflanzenöl in einer Pfanne erhitzen. Filet darin rundherum anbraten. Fleisch auf ein Gitter legen und etwa 12 Minuten im Ofen garen. Dann in Alufolie wickeln, Ofenhitze auf 60–80 Grad herunterschalten und Fleisch im Ofen weitergaren.

Gebratene Gemüse:

In der gleichen Pfanne Paprika, Lauchzwiebeln und Zucchini mit Rosmarin und Knoblauch goldgelb anschwitzen. Mit Salz, Pfeffer und Zucker würzen. Gehackte Kräuter hinzufügen, alles in eine Schüssel gießen und im Ofen warm halten. Rosmarinzweig und Knoblauch herausnehmen.

Sauce:

Den Bratensatz in der Pfanne mit Weißwein ablöschen und ganz einkochen. Rinderfond angießen und etwas einkochen. Butter und Olivenöl einrühren. Mit Salz und Pfeffer abschmecken. Rinderfilet in 5–8 mm dicke Scheiben schneiden.

Anrichten:

Filetscheiben mit Gemüse und Sauce auf Tellern zu einer Lasagne schichten. Mit Basilikumblättchen dekorieren.

Weintipp:

∘ 1997er Oberrotweiler Henkenberg Grauburgunder Spätlese trocken, Weingut Salwey, Oberrotweil, Kaiserstuhl, Baden

•• 1998er „S“ Spätburgunder Qualitätswein trocken, Meyer-Näkel, Dernau, Ahr

«Die Lasagne ist auch kalt ein Gedicht – im Sommer!»

Lasagne vom Rinderfilet mit gebratenen Gemüsen

Zutaten:

Saft und abgeriebene Schale von 3 Zitronen, 125 g Zuckcr, 2 Vanilleschoten, 4 Blatt eingeweichte und ausgedrückte Gelatine, 500 g Quark, 250 g geschlagene Sahne, 0,25 l Aceto balsamico, 150 g Zucker, 0,25 l Rotwein, 400 g geputzte, klein geschnittene Erdbeeren, Zitronenschale und Minze als Dekoration

Für 4 Personen
Schwierigkeitsgrad: leicht
Zubereitungszeit: 1 Stunde

Quarkmousse:

Zitronensaft mit Zucker, Vanillemark und ausgekratzten Vanilleschoten aufkochen. Vom Herd nehmen, Vanilleschoten herausnehmen und Gelatine einrühren. Quark hinzufügen und glatt rühren. Zitronenschale und Schlagsahne unterheben. Masse in Förmchen füllen und kalt stellen.

Erdbeeren:

Aceto balsamico, Zucker und Rotwein auf 0,125 l einkochen und kalt werden lassen. Erdbeeren mit der Aceto-Sauce vermengen.

Anrichten:

Quarkmousse auf die Teller stürzen, mit Erdbeeren umlegen und mit Aceto-Sauce garnieren. Mit Zitronenschale und Minze dekorieren.

Weintipp:

∘ 1998er Erdener Treppchen Riesling Kabinett, Dr. Loosen, Bernkastel-Kues, Mosel-Saar-Ruwer

∘ ∘ 1998er Mußbacher Eselshaut Rieslaner Auslese, Müller-Catoir, Neustadt, Pfalz

«Süß, groß und saftig müssen die Erbeeren sein – wie die aus meiner Heimat Franken. Die schmecken unbeschreiblich! Perfekt zur Quarkmousse mit Aceto-Sauce.»

Quarkmousse mit Erdbeeren in Aceto balsamico

Saucen

Diese würzigen Begleiter passen zu Fleisch, Nudeln und Salat

Pesto

Pesto alla genovese:
eine klassische kalte Sauce der mediterranen Küche. Sie stammt ursprünglich aus der Gegend von Genua in Ligurien. Ihr intensives Aroma verträgt sich gut mit frisch gekochter Pasta und mit Gnocchi (siehe Seite 18), würzt – fein dosiert – gebratenen Fisch oder Krustentiere und wertet Gemüsesuppen auf.

Zubereitung:
Olivenöl, geschälten Knoblauch, Pinienkerne, Basilikum, schwarzen Pfeffer und eine Prise Zucker im Mixer zu einer cremigen Masse pürieren. Geriebener Parmesan wird erst zum Schluss eingerührt – sonst wird die Sauce im Mixer schmierig. Kein Salz hinzufügen, der Käse ist salzig genug.

Tomatensauce

Zubereitung:

Für eine kräftige Sauce kocht Marquard das gewürfelte Tomatenfleisch (inklusive Haut) mit viel Olivenöl, Zucker, Salz und zerdrückten Chilis einmal auf und schmeckt sie mit frischen mediterranen Kräutern kräftig ab. Von Pfeffer rät er hier ab: „Davon wird die Sauce beim Garen unappetitlich grau."

Tomaten häuten:

Tomaten lassen sich auch ohne vorheriges Heißwasserbad häuten: Marquard entfernt zuerst den Strunk, viertelt das Gemüse und schneidet den weichen Innenteil heraus. Dann drückt er das feste Fruchtfleisch mit der Haut nach unten flach auf die Arbeitsfläche und schneidet mit einem elastischen Messer die Haut so dünn wie möglich ab. Meist lässt er die Tomaten ungeschält: „In der Haut stecken die Vitamine – und wozu hat der Mensch seine Zähne?"

Die kalte Würzsauce

mit Essig (frz.: *vinaigre*) passt ungebunden als Dressing zu einfachen Blattsalaten, Tomaten, mariniertem Rindfleisch und Fisch. Zu Spargel, Kalbskopf und gemischten Salaten ist aber eine gebundene Vinaigrette die beste Begleitung.

Vinaigrette

Zubereitung:

Für eine Bindung schlägt Marquard Öl in feinem Strahl in eine Mischung aus Essig, Brühe, Senf, geriebenem Meerrettich, Salz, Pfeffer, Zucker und einer zerdrückten Knoblauchzehe. Sauce ohne Bindung: Die Zutaten können in beliebiger Reihenfolge verrührt werden. Zum Schluss jeweils gehackte Kräuter zufügen.

Fortgeschrittene

2

Wie bekommt Risotto den richtigen Biss, wie lange muss die Ente im Ofen garen, und wie gelingt eine Sülze mit Meeresfrüchten? Alles kein Problem mit den Tipps vom Profi. Ab jetzt immer dabei sind selbstgekochte Fonds à la Marquard

Carpaccio von der Rinderhüfte

mit Rucola und Parmesan

«Geht ruck, zuck!»

Zutaten:

Salz, Pfeffer aus der Mühle, 400 g gekühlte Rinderhüfte, Saft von 1 Zitrone, 3–4 Essl. Olivenöl, 1 kleines Bund gewaschene Rucola, 100 g Pinienkerne, 50 g frisch gehobelter Parmesan

Für 4 Personen
Schwierigkeitsgrad: leicht
Zubereitungszeit: 20 Minuten

Carpaccio:

Vier leicht vorgekühlte Teller mit Salz und Pfeffer bestreuen. Rinderhüfte mit einem scharfen Messer in sehr dünne Scheiben schneiden. Mit dem Messer glatt streichen (Foto rechts) und auf den Tellern auslegen. Nochmals salzen und pfeffern. Mit Zitronensaft beträufeln und Olivenöl darüber sprenkeln.

Anrichten:

Fleisch mit Rucolablättern, Pinienkernen und Parmesan bestreuen.

Weintipp:

∘ Prosecco „Ombra", Giovanni Gregoletto, Miane, Venetien, Italien
∘ ∘ 1994er Spumante Cuvée Spéciale extra brut, Bellei, Bomporto, Emilia-Romagna, Italien

Carpaccio schneiden:
Für ein Rindfleisch-Carpaccio bevorzugt Marquard ein Stück aus der Hüfte: „Das hat einen festeren Biss und besseren Geschmack. Filet ist langweilig." Das Fleisch nicht anfrieren – „sonst platzen die Gefäße auf und der Saft fließt aus"–, sondern mit der Aufschnittmaschine oder dem Messer in etwa 3 mm dicke Scheiben schneiden. Danach mit der Messerklinge flach drücken.

«Jedes Produkt hat doch das Recht, nach sich selbst zu schmecken! Was manche Köche zur vermeintlichen Geschmacksverbesserung anstellen, müsste eigentlich bestraft werden.»

Zutaten:

2–3 Essl. Olivenöl, 1 gewürfelte kleine Zwiebel, 2 angedrückte Knoblauchzehen, 1 Thymianzweig, 150 g Risottoreis (z. B. Carnaroli), Salz, 0,25 l Weißwein, 0,75 l heißer Geflügelfond, 180 g Butter, 150 g gut ausgedrückter blanchierter Spinat, 50 g geröstete Pinienkerne, 1 Essl. Schlagsahne, 80 g frisch geriebener Parmesan, 4 Stücke Seeteufelfilet (je 100 g), Pfeffer aus der Mühle, 1 Prise gemahlener Koriander, 20 Salbeiblätter, 4 große Scheiben Parmaschinken (hauchdünn geschnitten), Mehl für die Salbeiblätter

Für 4 Personen
Schwierigkeitsgrad: mittelschwer
Zubereitungszeit: 45 Minuten

Risotto:

Olivenöl in einem Topf erhitzen. Zwiebel mit Knoblauch und Thymian darin anschwitzen. Reis dazugeben, salzen und anschwitzen, bis die Spitzen der Zwiebeln angebräunt sind. Mit Weißwein ablöschen und einkochen. Nach und nach heißen Geflügelfond und 130 g Butter in Flöckchen einrühren. Wenn der Reis nach etwa 25 Minuten bissfest ist, Spinat, Pinienkerne, Schlagsahne und Parmesan unterrühren.

Seeteufel-Saltimbocca:

Ofen auf 150 Grad vorheizen. Seeteufelfilets mit Salz, Pfeffer und Koriander würzen. Auf beide Filetseiten je ein Salbeiblatt legen. In Parmaschinken einwickeln, eventuell mit Zahnstochern feststecken.
In 30 g Butter rundum goldgelb anbraten. Saltimbocca auf dem Ofengitter 6–7 Minuten fertig garen. Übrige Butter erhitzen. Restliche Salbeiblätter in Mehl wälzen und in der Butter braten.

Anrichten:

Risotto auf Teller verteilen. Saltimbocca aufschneiden, auf den Risotto legen. Mit Salbeiblättern garnieren.

Weintipp:

∘ 1997er Sauvignon blanc, Castello di Farnetella, Sinalunga, Toskana, Italien
∘ ∘ 1998er Zieregg Sauvignon blanc, Manfred Tement, Berghausen, Südsteiermark, Österreich

1

Risotto-Grundrezept:

Zwiebeln, Knoblauch, Thymian, Reis und Salz bei mittlerer Hitze in Olivenöl anschwitzen. Mit Weißwein ablöschen und einkochen, bis die Mischung am Topfboden zu kleben beginnt. Nach und nach kochende Brühe angießen, zwischendurch Butterstückchen zufügen.

Stetig umrühren!

Wenn der Reis den gewünschten Biss hat: Knoblauch und Thymian herausnehmen, geriebenen Parmesan einrühren. Topf von der Herdplatte ziehen und geschlagene Sahne unterheben.

2

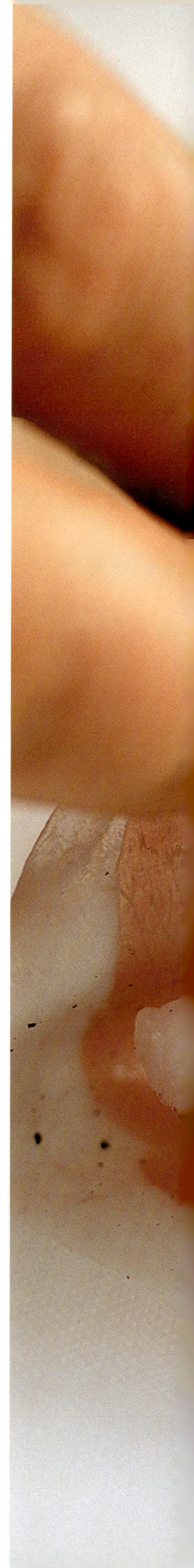

Seeteufel-Saltimbocca mit Spinatrisotto

Sülze von Meeresfrüchten mit Bouchot-Muscheln

Zutaten:

3 mittelgroße Tomaten, 1 gewürfelte kleine Zwiebel, 1 Thymianzweig, 2 Teel. Noilly Prat, 2 Teel. Pernod, 1 abgezogene Knoblauchzehe, ½ gewürfelte Fenchelknolle (100 g), 0,25 l Weißwein, 200 g Bouchot-Muscheln mit Schale, 0,5 l Geflügelfond, etwa 200 g gewürfeltes, festfleischiges Fischfilet (z. B. Lotte), 100 g Garnelenschwänze, 100 g Calamaretti (küchenfertig und in Stücke geschnitten), Salz, 1 Prise Zucker, Chilisauce nach Belieben (aus dem Asienladen), ½ Teel. gemahlener Koriander, 8 Blätter eingeweichte und ausgedrückte Gelatine, ½ Salatgurke (in dünne Scheiben geschnitten, 160 g), 1 Essl. gehackte gemischte Kräuter (Kerbel, Dill, Estragon und Schnittlauch), geputzter Friséesalat und Dill für die Dekoration

Für 4 Personen

Schwierigkeitsgrad: mittelschwer

Zubereitungszeit: 1 Stunde plus Gelierzeit

Sülze:

Tomaten überbrühen, häuten und entkernen, Fruchtfleisch in kleine Würfel schneiden. Beiseite stellen. Haut und Kerne mit Zwiebelwürfeln, Thymian, Noilly Prat, Pernod, Knoblauch, Fenchel und Weißwein in einen Topf geben und kräftig einkochen. Muscheln dazugeben, mit Geflügelfond auffüllen. Bei geschlossenem Deckel aufkochen und weiterkochen, bis alle Muscheln geöffnet sind. Muscheln herausnehmen und aus der Schale lösen. Fond durch ein Sieb passieren und wieder zum Kochen bringen. Nacheinander Fischfilet, Garnelen und Calamaretti-Stücke im Fond blanchieren, wieder herausnehmen und kalt stellen. Fond mit Salz, Zucker, Chilisauce und Koriander abschmecken. Durch ein Tuch passieren. Gelatine zufügen und abkühlen lassen. Tomatenwürfel, Gurkenscheiben, gemischte Kräuter und die blanchierten Meeresfrüchte in den Fond geben. Sobald der Fond zu gelieren beginnt, Masse in Timbale-Formen füllen, kalt stellen.

Anrichten:

Sülze auf Teller stürzen. Mit Dill und Friséesalat verzieren.

Weintipp:

● 1998er Bandol Rosé, Mas de la Rouvière, Domaines Bunan, Bandol, Provence, Frankreich

○ ○ 1995er Côtes de Provence La Courtade blanc, Domaine de la Courtade, Ile de Porquerolles, Provence, Frankreich

« Angst vor dem Stürzen? Man kann die Sülze auch im Cocktailglas servieren – zum Rauslöffeln!»

Gefüllter Poulardenflügel auf Rahmspargel

Für 4 Personen

Schwierigkeitsgrad: mittelschwer
Zubereitungszeit: 45 Minuten

Poulardenflügel:

Ofen auf 200 Grad vorheizen. Poulardenflügel bis zum zweiten Gelenk entbeinen, die Spitze komplett lassen (siehe Fotos unten). Riesengarnelen mit Salz, Pfeffer und Koriander würzen. Je eine Garnele in einen entbeinten Flügel stecken. Poulardenflügel salzen. Pflanzenöl in einem Bräter erhitzen. Flügel darin von beiden Seiten goldgelb anbraten, dann 3–4 Minuten im Ofen garen.

Rahmspargel:

Geflügelfond zum Kochen bringen, Spargel etwa 5 Minuten darin kochen, herausnehmen. Fond auf ein Drittel einkochen. Mit Mehlbutter binden, etwa 1 Minute sprudelnd kochen lassen. Sahne und Spargel zufügen. Mit Salz, Pfeffer, Zucker und Cayennepfeffer abschmecken. Mit Schnittlauchröllchen bestreuen.

Anrichten:

Spargelgemüse auf Teller verteilen und jeweils zwei Poulardenflügel darauf legen. Mit Kräutern garnieren.

Weintipp:

o 1998er Forster Ungeheuer Riesling Kabinett trocken, Geheimer Rat Dr. von Bassermann-Jordan, Deidesheim, Pfalz

o o 1996er Roxburgh Chardonnay, Rosemount Estate, Hunter Valley, New South Wales, Australien

Zutaten:

8 Poulardenflügel, 8 geschälte Riesengarnelen, Salz, Pfeffer, gemahlener Koriander, 2 Essl. Pflanzenöl, 0,5 l Geflügelfond, je 300 g geschälter weißer und grüner Spargel, 1 Teel. Mehlbutter (geknetet aus gleichen Teilen Mehl und Butter), 0,25 l Sahne, 1 Prise Zucker, 1 Prise Cayennepfeffer, 1 Bund Schnittlauch (zur Hälfte in Röllchen geschnitten), Dill, Basilikum, Kerbel und glatte Petersilie für die Dekoration

1

Flügel entbeinen:
Marquard hängt den abgetrennten Flügel (von Poularde, Ente oder Gans) zwischen deren Elle und Speiche an einem Haken mit kräftigem Faden auf. Am oberen Gelenk löst er die Haut mit einem Rundschnitt (1).

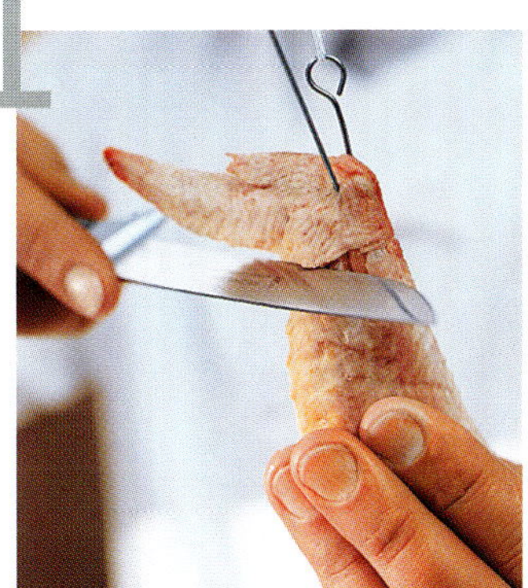

Die Innenseite
der Haut zeigt jetzt nach außen, knapp unter dem Knochen schneidet er die Hauttasche ab. Die Außenseite stülpt er wieder nach außen. Danach kann der Flügel gefüllt werden (3).

2

Mit einem Finger
zwischen den Knochen drückt er die Haut vollständig über das untere Gelenk, sodass sie als leere Hülle an den freigelegten Knochen hängt (2).

3

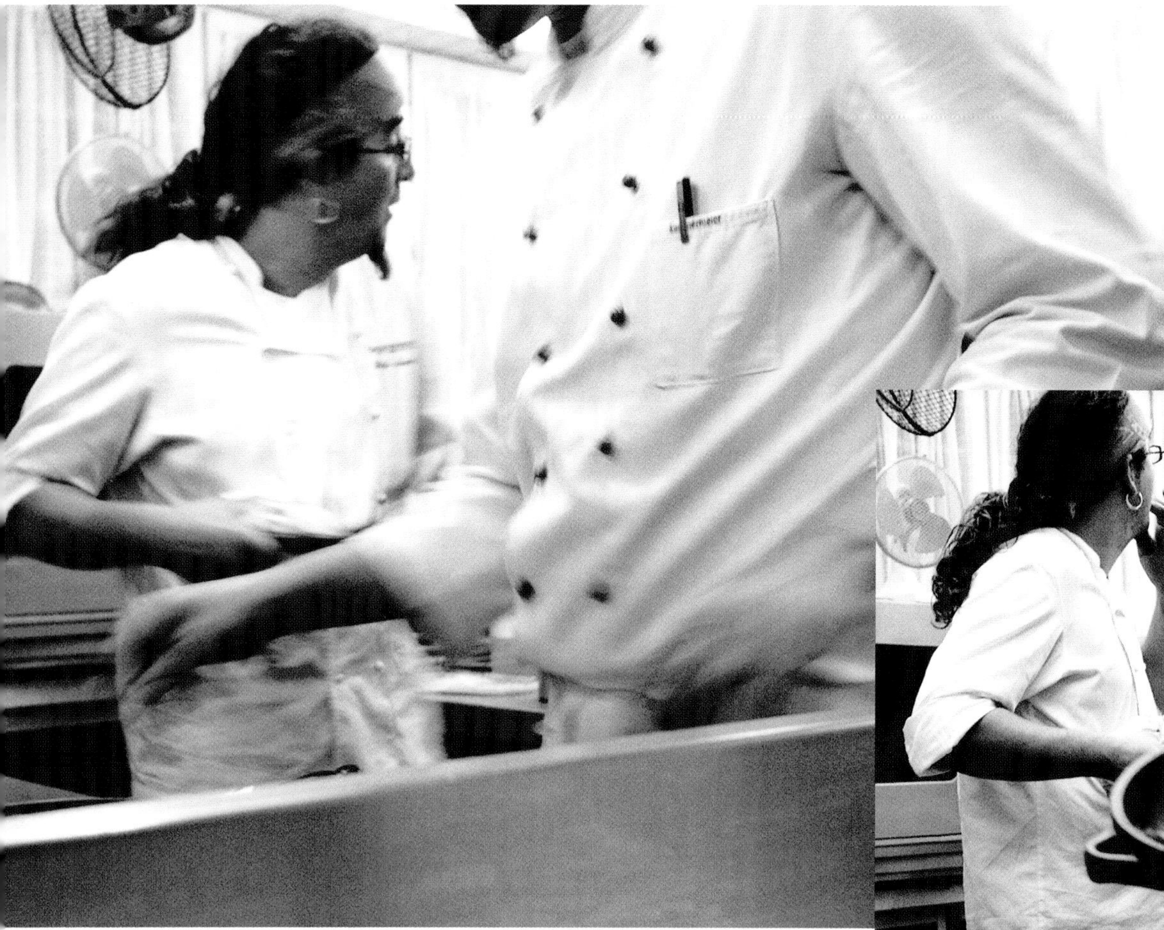

Was in Marquards schweren Pfannen brät, hat sich das Team der „Drei Stuben" vorher beim Bier ausgedacht. Beim „Karte machen" wird aus Alberei irgendwann Ernst. Das klingt dann etwa so: „Was, Hummermus? Mach' doch gleich'n Hummer-Leberkäs'!" – „Wart'-mal! Hummer-Gänseleberkäs'?" – „Genial, das ist doch der Hammer! Das könnte man in eine Timbale-Form geben mit einer Kohlrabicreme und rabenschwarzem Aceto balsamico." – „Ob man da noch eine Champagner-Gärung 'reinbekommt?" – „Geh, hör auf. Auf die Karte kommt: Hummerfleischkäs' mit Kohlrabimus!"

Für 4 Personen

Schwierigkeitsgrad: mittelschwer

Zubereitungszeit: 1 Stunde

Zutaten:

6 Essl. Olivenöl, 1 gewürfelte Zwiebel, 2 klein geschnittene Fenchelknollen (je 200 g), 2 Teel. Noilly Prat, 0,25 l Weißwein, 1 l „Rumfort“-Fond (Rezept auf Seite 56, ersatzweise kräftiger Geflügelfond), 1 g Safranpulver, 1 gestrichener Essl. gehackte gemischte Kräuter (Basilikum, Dill, Estragon, Kerbel), 600 g Fischfilets (z. B. Rotbarbe, Loup de mer, Seezunge und Seeteufel), Salz, Pfeffer aus der Mühle, 1 Rosmarinzweig, 1 Thymianzweig, 2–3 angedrückte Knoblauchzehen, 2 gehäutete, entkernte Tomaten (in Streifen geschnitten), 2 Essl. Butter, 300 g Mangoldstiele ohne Grün (in Rauten geschnitten), 1 Teel. Zucker, 2–3 Essl. Pernod, 1 Bund Schnittlauch (einige Stiele für die Dekoration, der Rest in Röllchen geschnitten)

Fischeintopf:

Ofen auf 180 Grad vorheizen. 1 Essl. Olivenöl in einem Topf erhitzen, Zwiebel und Fenchel darin anschwitzen.

Mit Noilly Prat und Weißwein ablöschen, einkochen. Mit „Rumfort“-Fond auffüllen, Safran zufügen und auf die Hälfte einkochen. Im Mixer pürieren. Den Sud danach durch ein Sieb streichen. 3 Essl. Olivenöl einrühren und Kräuter zufügen. Fischfilets mit Salz und Pfeffer würzen. 2 Essl. Olivenöl in einer Pfanne erhitzen. Rosmarin, Thymian und Knoblauch darin anschwitzen und Fischfilets auf einer Seite anbraten. Herausnehmen und mit der rohen Seite auf den Sud legen. Mit Tomatenstreifen bestreuen. Fischeintopf danach für etwa 5 Minuten im Ofen garen. Butter in einer Pfanne schmelzen. Mangold darin anbraten. Mit Salz und Pfeffer würzen. Mit Zucker karamellisieren. Mit Pernod ablöschen und glasieren. Mangold und Schnittlauchröllchen in den Eintopf geben.

Anrichten:

Eintopf in tiefe Teller verteilen und mit Schnittlauchhalmen garnieren.

Weintipp:

∘ 1997er Terras Gauda, Bodegas Terras Gauda, O Rosal, Rías Baixas, Spanien

∘ ∘ 1991er Coulée de Serrant, Becherelle (Nicolas Joly), Savennières, Loire, Frankreich

«Rumfort? Das ist alles, was rumliegt und fort muss!»

Fischeintopf
im „Rumfort"-Olivenöl-Sud

Für 4 Personen

Schwierigkeitsgrad: mittelschwer

Zubereitungszeit: 45 Minuten

Zutaten

Tomatenchutney:

8 mittelgroße Tomaten, 2–3 Essl. Olivenöl, 2 kleine rote Zwiebeln (40 g, in Streifen geschnitten), 20 g Senfkörner, 0,25 l Apfelsaft, Salz, Zucker, 1 rote Chilischote (in feine Ringe geschnitten), 1 Msp. Curry, Saft von ½ Zitrone

Zander:

200 g trockenes Weißbrot ohne Rinde (2–3 Tage alt), 60–70 g frische Kräuter (Petersilie, Basilikum, Dill, Estragon), 600 g Zanderfilet ohne Haut, Salz, Pfeffer aus der Mühle, gemahlener Koriander, Mehl zum Panieren, 1 verquirltes Ei, geschmacksneutrales Fett zum Ausbacken, Rosmarinzweige für die Dekoration

Tomatenchutney:

Tomaten häuten und entkernen. Haut und Kerne durch ein Sieb zu einem Tomatenfond passieren, Fleisch in feine Streifen schneiden. Olivenöl in einer Pfanne erhitzen. Zwiebelwürfel mit den Senfkörnern darin anbraten. Mit Tomatenfond und Apfelsaft ablöschen, etwa 10 Minuten einkochen. Mit Salz, Zucker, Chili, Curry und Zitronensaft abschmecken. Tomatenfleisch unterheben.

Zander in der Kräuterkruste:

Weißbrot in Stücke brechen und mit den Kräutern im Mixer zu einer grünen Panade verarbeiten. Zanderfilets in vier Stücke teilen. Mit Salz, Pfeffer und Koriander würzen. Nacheinander in Mehl, Ei und der grünen Panade wälzen (Foto unten). Im heißen Fett 4–6 Minuten frittieren und danach auf Küchenkrepp abtropfen lassen.

Anrichten:

Fischstücke einmal durchschneiden und auf Tomatenchutney anrichten. Mit Rosmarin dekorieren.

Weintipp:

∘ 1996er Barbera d'Alba Pian Romualdo, Prunotto, Alba, Piemont, Italien

∘ ∘ 1997er Chardonnay Bien Nacido, Au Bon Climat, Santa Maria, Santa Barbara, Kalifornien

Zander in der Kräuterkruste
auf Tomatenchutney

«Was ich eigentlich gar nicht ausstehen kann: schwarze Teller, rosa Pfeffer und als Deko Parmesanspäne. Ich mag weder frischen Koriander noch rohe Tomaten!»

Ente à la Cesare mit Polenta

Für 4 Personen

Schwierigkeitsgrad: mittelschwer

Zubereitungszeit: 2 Stunden

Zutaten:

2 Enten (je 2 kg), Salz, Pfeffer aus der Mühle, 6 Rosmarinzweige, 4 angedrückte Knoblauchzehen,

500 g geschälte Schalotten, 0,25 l Aceto balsamico, 1 l kräftiger Geflügelfond,

400 g Polentagrieß (Maisgrieß), 100 g Butter, 2–3 Essl. Olivenöl, 150 g frisch geriebener Parmesan, frisch geriebener Muskat, Rosmarinzweige für die Dekoration

Ente à la Cesare:

Ofen auf 200 Grad vorheizen. Enten innen und außen salzen. Mit je 2 Rosmarinzweigen und einer Knoblauchzehe füllen. Im Ofen 30 Minuten auf der Brustseite braten. Danach die Enten umdrehen, Schalotten hinzufügen und 20 Minuten schmoren. Mit Aceto balsamico ablöschen und 5 Minuten weiterschmoren. Entenfleisch von den Knochen lösen und warm halten. Die Schalotten aus dem Schmorfond nehmen. Entenknochen im Fond etwa 10 Minuten auskochen und danach herausnehmen. 0,1 l Geflügelfond angießen und etwas einkochen. Schalotten wieder hinzufügen.

Polenta:

Restlichen Geflügelfond mit 2 Rosmarinzweigen und 2 Knoblauchzehen aufkochen. Rosmarin und Knoblauch herausnehmen. Polentagrieß einrühren und mindestens 15–20 Minuten durchköcheln. Zum Schluss Butter, Olivenöl und Parmesan zufügen und mit Salz, Pfeffer und Muskat abschmecken (Foto rechts).

Anrichten:

Entenfleisch jeweils auf einen Klacks Polenta platzieren und mit geschmorten Schalotten umlegen. Mit einem Rosmarinzweig garnieren.

Weintipp:

- 1998er Mas Collet, Cellers de Capçanes, Tarragona, Spanien
- •• 1996er Barbaresco Rabajà, Bruno Rocca, Barbaresco, Piemont, Italien

Polenta kochen:

Kräftigen Geflügelfond aufkochen, Rosmarin und Knoblauch kurz mitkochen. Polentagrieß esslöffelweise (!) einrühren und alles 15–20 Minuten durchköcheln, fast bis zur gewünschten Dicke (Achtung: Polenta dickt im Nachhinein noch ein). Mit Butter, Olivenöl, Salz und Pfeffer abschmecken und vor dem Servieren Parmesan zufügen. Für feste, gebackene Polenta (siehe Rezept Seite 74) rührt Marquard den Maisgrieß auf einmal ein.

«Nichts gegen gute Hausfrauenküche: Da kann eine tadellos zubereitete Ente der Haute Cuisine durchaus ebenbürtig sein.»

Rhabarber-Kompott mit Erdbeer-Kondensmilch-Eis

«Für das Eis
nur reife, süße Früchte verwenden – sonst schmeckt's nach nichts!»

Für 4 Personen
Schwierigkeitsgrad: leicht
Zubereitungszeit: 40 Minuten plus Gefrierzeit

Rhabarber-Kompott:
Rhabarber schälen und in Stücke schneiden. Schalen mit Weißwein, Apfelsaft, 100 g Zucker, Zimt, Sternanis und Vanille in einem Topf etwa 20 Minuten auskochen. Durch ein Sieb passieren. Sirupartig einkochen lassen. Rhabarberstücke zufügen und auskühlen lassen.

Erdbeer-Kondensmilch-Eis:
Erdbeeren mit Kondensmilch, 100 g Zucker und Zitronensaft im Mixer pürieren. In der Eismaschine gefrieren lassen.

Anrichten:
Aus dem Eis Nocken ausstechen und jeweils auf einer Portion Rhabarber-Kompott anrichten. Mit Minzeblättchen und Erdbeeren garnieren.

Weintipp:
∘ 1998er Eitelsbacher Karthäuserhofberg Riesling Qualitätswein, Karthäuserhof, Trier, Mosel-Saar-Ruwer
∘∘ 1998er Maximin Grünhäuser Abtsberg Riesling Auslese, C. v. Schubert'sche Gutsverwaltung, Mertesdorf, Mosel-Saar-Ruwer

Zutaten:
500 g Rhabarber, 0,125 l Weißwein, 0,125 l Apfelsaft, 200 g Zucker, 1 Zimtstange, 1 Sternanis, Mark von 1 Vanilleschote, 200 g geputzte Erdbeeren, 0,25 l Kondensmilch, Saft von 1 Zitrone, Minzeblättchen und frische Erdbeeren für die Dekoration

Fonds

Kräftige, hausgemachte Fonds sind die Basis der raffinierten Küche

Fischfond

Zubereitung:

Fischfond bleibt klar, wenn die festen Zutaten nicht – wie sonst üblich – angebraten werden. Denn dabei entstehen die trübenden Röststoffe. Marquard setzt in kaltem Wasser und $^1/_4$ l Weißwein auf: gewässerte Fischkarkassen und -abschnitte (außer Kiemen und Haut), Petersilienstängel, Zwiebeln, Lauch, Knoblauch, Fenchel und Sellerie – jeweils gehackt – sowie Dill, Fenchelsamen und $^1/_2$ Chilischote, dazu je einen Schuss Noilly Prat und Pernod. Er lässt alles aufkochen und 30 Minuten köcheln – nicht länger, sonst wird der Fond unangenehm leimig. Mit Resten von *loup de mer* (Wolfsbarsch) und Steinbutt erzielt Marquard besonders aromatische Ergebnisse, Lachs hingegen „ergibt einen tranigen Geschmack“.

„Rumfort“-Fond

Zubereitung:

„Rumfort“-Fond ist Marquards aromatischer Restefond, gewonnen nach dem Motto „was rumliegt und fort muss“: Schalen, Reste und Abschnitte von Gemüse und Kräutern in Olivenöl mit Pfeffer, Salz, Zucker, geriebenem Chili, Lorbeerblatt und frischen Kräutern scharf anbraten. Wenn der Zucker karamellisiert ist, mit Weißwein ablöschen, stark einkochen, dann mit Wasser auffüllen. Mehrere Stunden köcheln lassen, bis der Fond aromatisch schmeckt. Immer wieder weitere Reste aus der Küche, auch von Fleisch und Geflügel, zufügen. Zuletzt durch ein Sieb geben. Marquards Basis für Suppen und Saucen!

Klären mit Fleisch

Der Profi-Trick:

Klären mit Fleisch ist etwas aufwendig, hat aber den Vorteil, dass der Fond oder die Brühe beim Klären zusätzlich aromatisiert wird. Grob durchgedrehtes Beinfleisch vom Rind wird mit durchgedrehtem Gemüse wie Sellerie, Lauch, Möhre sowie gehackten Zwiebeln, gewürfelten Tomaten, Petersilienstängeln, Salz, Zucker, Pfeffer, Muskat, Lorbeerblatt, einem Schuss Essig und leicht geschlagenem Eiweiß ohne Erhitzen gut vermengt, bis eine Bindung entsteht. Fond oder Brühe zu der Mischung gießen, alles durchrühren und aufkochen. Auf kleiner Flamme 2–4 Stunden ziehen lassen. Dabei nimmt das Eiweiß die Trübstoffe auf, Fleisch und Gemüse geben ihre Aromen ab. Zum Schluss durch ein Sieb oder Tuch gießen.

Abschäumen

ist ein wichtiger Arbeitsschritt beim Zubereiten von Fonds und Suppen. Beim ersten Aufkochen frischer Zutaten wie Fleisch, Knochen und Karkassen setzt sich auf dem Kochwasser ein Eiweißschaum ab: Mit der Schaumkelle mehrmals sorgfältig abschöpfen, bis kein Schaum mehr aufsteigt. „Wer seine Fonds häufig abschäumt, muss sie danach mitunter nicht mal klären“, empfiehlt Marquard.

Klären mit Eiweiß

Der Profi-Trick:

Eiweiß mit Salz, Pfeffer und Zucker aufschlagen. Dann den kochenden, zu klärenden Fond auf die Eiweißmischung gießen. Ohne zu rühren auf kleiner Flamme erhitzen, bis das Eiweiß gerinnt und aufsteigt – dabei bindet es alle Trübstoffe. Den heißen Fond filtern. Marquard gießt ihn durch ein mit einem Tuch ausgekleidetes Spitzsieb.

Könner

3

Hier beginnt die Kür, und für Könner gibt es einiges zu knacken: Austern, Hummer, Jakobsmuscheln. Und der Chefkoch zeigt, wie Profis Fische für die Pfanne parieren

Spätzlesalat mit mariniertem Hummer

und Schmelzzwiebel-Vinaigrette

Für 4 Personen

Schwierigkeitsgrad: schwer

Zubereitungszeit: 1 Stunde

Marinierter Hummer:

Als Marinade verwendet Marquard Kräuterbutter: 100 g Butter in einem Topf zerlassen, Rosmarin, Thymian, Basilikum, Dill, Lorbeer, Knoblauch, Meersalz, Pfeffer und Zucker zufügen. Aufkochen lassen und warm halten. Salzwasser mit Dill, Kümmel und Salz zum Kochen bringen. Hummer darin 6–7 Minuten bei geschlossenem Deckel sprudelnd kochen. Hummer aus der Schale brechen (Foto rechts) und in Portionen aufteilen. Leicht salzen. Mit Zitronensaft und Kräuterbutter bestreichen. Bis zum Servieren zugedeckt marinieren.

Spätzlesalat mit Vinaigrette:

100 g Butter in einem Topf schmelzen. Rote Zwiebelringe darin anschwitzen. Senf einrühren, Geflügelfond, Balsamessig und Traubenkernöl zufügen. Mit Salz abschmecken. Vinaigrette über die abgetropften, warmen Spätzle geben und alles gut vermischen.

Anrichten:

Spätzlesalat auf vorgewärmte Teller verteilen. Hummerstücke darauf legen. Mit frittierten Kartoffelwürfeln bestreuen, mit Friséesalatblättern und frischen Kräutern garnieren.

Weintipp:

∘ 1997er Alte Rebe Grauburgunder Spätlese trocken, Franz Keller – Schwarzer Adler, Vogtsburg-Oberbergen, Kaiserstuhl, Baden

∘∘ 1997er Weißburgunder Spätlese trocken, Rudolf Fürst, Bürgstadt, Franken

Zutaten:

200 g Butter, je 1 Teel. klein gehackter Rosmarin, Thymian, Basilikum und Dill, 1 Lorbeerblatt, 1 angedrückte Knoblauchzehe, Meersalz, Pfeffer aus der Mühle, 1 Prise Zucker, 2 Dillzweige, 1 Teel. Kümmel, 2 Hummer (je 800 g), Saft von ½ Zitrone, 2 kleine rote Zwiebeln (in feine Ringe geschnitten), 1 Teel. Senf, 1–2 Essl. Geflügelfond, 1–2 Essl. weißer Aceto balsamico, 2 Teel. Traubenkernöl, 600 g frisch geschabte, gegarte Spätzle (Rezept auf Seite 123), 2 Essl. frittierte, kleine Kartoffelwürfel, Friséesalatblätter und frische Kräuter für die Dekoration

Hummer auslösen:

Die Spitze eines großen Küchenmessers in das deutlich sichtbare Kreuz am Hinterkopf des gekochten Tieres stoßen. Den Körper zum Schwanz hin, das restliche Stück zum Kopf hin längs halbieren. Den ungenießbaren, graubraunen Magen entfernen. Das weiße Fleisch und den grünlichen Rogen auslösen. Dann kommen die zartesten Teile an die Reihe: Scheren abbrechen, das kleinere Scherenstück abtrennen. Scherenstücke mit dem Messerrücken rundherum aufschlagen, an der Spitze festhalten und das Fleisch herausziehen.

«Die kleinen Kartoffelwürfel zuerst blanchieren und dann in lauwarmes Fett legen. Heiß werden lassen und ausbacken. Die Würfel nicht direkt ins heiße Öl geben, sonst brennt die Küche ab! Danach auf Küchenkrepp legen und mit Salz und Paprika würzen.»

Für 4 Personen
Schwierigkeitsgrad: schwer
Zubereitungszeit: 1 Stunde

Zutaten:

0,25 l Wasser, 1 gewürfelte, kleine Zwiebel, 4 Fenchelknollen (je 150–200 g), 1–2 Essl. Noilly Prat, 2 Teel. Pernod, Salz, Zucker, 2 Teel. Olivenöl, 8 frische Jakobsmuscheln mit Schale, Pfeffer aus der Mühle, 3 reife Tomaten, 1 Msp. Dijonsenf, 2 Essl. Estragonessig, Mark von 1 Vanillestange, gemahlener Koriander, 1–2 Essl. Traubenkernöl, je 1 Teel. gehackter Kerbel, Dill und Estragon, 4 geschmorte Kirschtomaten (Rezept auf Seite 23), 4 Fenchelharfen (dünne, frittierte Fenchelscheiben) und frische Kräuter für die Dekoration

Fenchelpüree:

Wasser und Zwiebelwürfel in einem Topf erhitzen. Fenchelknollen in Stücke schneiden und zufügen. Noilly Prat, Pernod, Salz und Zucker dazugeben. Fenchel weich kochen. Wenn nötig, noch etwas Flüssigkeit hinzufügen. Fenchel pürieren und durch ein Sieb streichen. Mit Olivenöl abschmecken. Warm halten.

Gegrillte Jakobsmuscheln:

Jakobsmuscheln ausbrechen (siehe unten), gut wässern. Trocken tupfen, mit Salz und Pfeffer würzen. Von beiden Seiten in einer Grillpfanne etwa 1½ Minuten grillen.

Tomaten-Vanille-Vinaigrette:

Tomaten vierteln, entkernen und durch ein Sieb streichen. Diesen Tomatenfond mit Senf, Estragonessig, Vanillemark, Salz, Pfeffer, Zucker, Koriander und Traubenkernöl verrühren. Kerbel, Dill und Estragon zufügen. Jakobsmuscheln in der Vinaigrette einlegen.

Anrichten:

Fenchelpüree in den gesäuberten Muschelschalen anrichten. Je zwei Jakobsmuscheln darauf legen. Mit Vinaigrette beträufeln und mit Kirschtomaten, Fenchelharfen und frischen Kräutern garnieren.

Weintipp:

∘ 1997er Seußlitzer Heinrichsburg Traminer Spätlese trocken, Schloss Proschwitz, Meißen, Sachsen
∘∘ 1998er Schloßböckelheimer Felsenberg Riesling Spätlese trocken, Hermann Dönnhoff, Oberhausen, Nahe

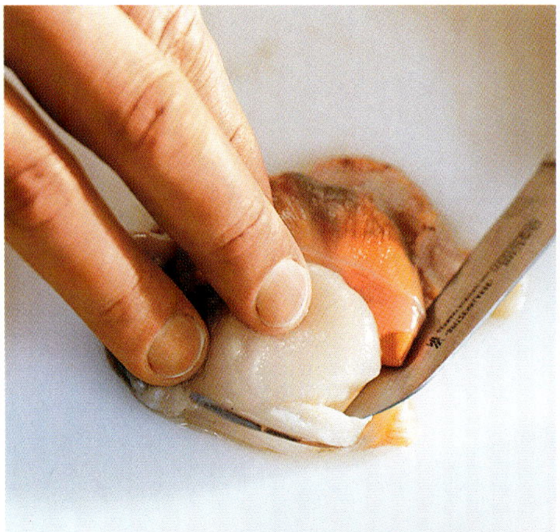

Jakobsmuscheln öffnen:

Muschel mit der flachen Schalenhälfte nach oben in die Hand nehmen, eine Messerklinge zwischen die Schalenhälften schieben, leicht verwinkeln und mit einer kräftigen Drehbewegung rundherum durchziehen. Muskel durchschneiden, dabei löst sich der Deckel. Muschelfleisch herausschaben. Die ungenießbaren Teile – den grauen Rand und die dunklen Partien – abschneiden.

Alles im Überblick:

Im Uhrzeigersinn: ganze Muschel ohne Oberschale, ausgelöste Weichteile, ungenießbare Abschnitte, der orangerote Rogen (*corail*) und die so genannte Nuss. Roh mariniert, gebraten, gedämpft oder gekocht sind Nuss – und für viele Gourmets auch der Rogen – eine Delikatesse.

«Jakobsmuscheln sind blitzschnell zubereitet. Und in der Schale serviert macht's was her.»

Gegrillte Jakobsmuscheln auf Fenchelpüree

mit Tomaten-Vanille-Vinaigrette

Tunfisch-Orangen-Tortelloni

mit Loup de mer und Staudensellerie

Tortelloni formen:

Den Nudelteig in 6 x 6 cm große Quadrate schneiden. Einen Teelöffel Füllung in die Mitte setzen, die zwei aneinander liegenden Kanten mit Eigelb und Wasser bestreichen, dann das Teig-Quadrat diagonal zu einer Tasche zusammenklappen. Die Kanten gut festdrücken, sonst öffnen sich die Tortelloni beim Kochen. Das Dreieck um den Zeigefinger wickeln, die Enden festdrücken und die Spitze nach hinten biegen (Foto links).

Zutaten:

600 g Filet vom Loup de mer (Wolfsbarsch) mit Haut, 70 g flüssige Kräuterbutter (z. B. nach dem Rezept für Marinade auf Seite 61), 8 kleine Thymianzweige, 1 Stange Staudensellerie (in hauchdünne Scheiben geschnitten), Salz, Pfeffer aus der Mühle, 1/2 Teel. gemahlener Koriander, 200 g zerdrückte, gekochte Kartoffeln, Filets, Saft und abgeriebene Schale (Zesten) von 2 Orangen, 120 g Tunfisch in Öl, 1/2 Essl. gehackter Kerbel, 200 g Nudelteig (Rezept auf Seite 100), 1 Essl. Butter, 1 Essl. Kalbsjus, 1 kleines Bund Schnittlauch (in Röllchen geschnitten), Thymianzweige für die Dekoration

Für 4 Personen

Schwierigkeitsgrad: schwer

Zubereitungszeit: 1 1/4 Stunden

Loup de mer mit Sellerie:

Ofen auf 180 Grad vorheizen. Fischfilets in vier Portionen teilen. 4 Alufolien (etwa 20 x 20 cm) mit 30 g Kräuterbutter einpinseln. Je 2 Thymianzweige darauf legen. Mit der Hälfte des Staudenselleries bestreuen. Fisch salzen, pfeffern, mit der restlichen Kräuterbutter bepinseln. Mit Koriander würzen und auf den Sellerie legen. Mit restlichem Sellerie bestreuen. Folien fest verschließen, auf ein Gitter legen und im Ofen etwa 12 Minuten garen. Herausnehmen.

Tunfisch-Orangen-Tortelloni:

Kartoffeln mit der Hälfte des Orangensafts und der Zesten sowie mit allen Orangenfilets, Tunfisch, Kerbel, Salz und Pfeffer vermischen. Nudelteig sehr dünn ausrollen. Tortelloni füllen und formen (Foto links). In kochendes Salzwasser geben, einmal aufkochen und danach 3–4 Minuten ziehen lassen. Mit einem Schaumlöffel herausnehmen. Butter in einem Topf schmelzen, mit dem restlichen Orangensaft und Zesten sowie mit Kalbsjus aufkochen. Tortelloni darin schwenken. Mit Salz und Pfeffer würzen, mit Schnittlauch bestreuen.

Anrichten:

Loup de mer und Sellerie aus der Folie nehmen. Neben Tortelloni auf Teller legen und mit Thymian dekorieren.

Weintipp:

∘ 1998er Jurançon sec, Domaine Castera, Monein, Südwestfrankreich

∘∘ 1998er Singerriedel Riesling Smaragd, Franz Hitzberger, Wachau, Österreich

«Tortelloni & Co: Der Teig muss dünn sein – dann kommt die Füllung besonders gut zur Geltung.»

Champagner-Rahmsuppe
mit gratinierten Austern

«Eine rohe Auster essen? Ich? Nicht für tausend Mark!»

Für 4 Personen

Schwierigkeitsgrad: mittelschwer

Zubereitungszeit: 1 Stunde

Zutaten:

150 g Butter, 2 Zwiebeln (in feine Streifen geschnitten, 60 g), 200 g fein gewürfelter Staudensellerie, 0,25 l trockener Weißwein, 1 l kräftiger Geflügelfond, 12 Austern, 0,375 l Champagner, Salz, schwarzer Pfeffer aus der Mühle, 1 Prise Zucker, 1 Prise Cayennepfeffer, 200 g blanchierter Blattspinat, frisch geriebener Muskat, 2 Eigelb, 1 Essl. klein gehacktes Selleriegrün, 1 kleines Bund Schnittlauch (in Röllchen geschnitten)

Champagner-Rahmsuppe:

20 g Butter in einem Topf zerlassen. Zwiebeln und Staudensellerie darin anschwitzen. Mit Weißwein ablöschen, auf $^{1}/_{4}$ einkochen. Geflügelfond angießen und aufkochen lassen. Auf $^{1}/_{3}$ einkochen. Mit einem Stabmixer fein mixen und durch ein engmaschiges Sieb passieren. Austern ausbrechen (siehe unten) und die Flüssigkeit in den Fond geben. Austern beiseite stellen, Schalen säubern. Champagner in den Fond gießen und alles erhitzen, aber nicht kochen. Mit Salz, Pfeffer, Zucker und Cayennepfeffer abschmecken. 100 g Butter in Flöckchen hinzugeben und die Suppe mit dem Stabmixer aufschäumen.

Gratinierte Austern:

30 g Butter in einem Topf erhitzen, Blattspinat darin 2–3 Minuten anschwitzen. Mit Salz, Pfeffer und Muskat würzen. Die tiefen Hälften der gesäuberten Austernschalen mit Spinat füllen. Austern darauf legen. Eigelbe mit 2–3 Essl. Champagnersuppe verquirlen. Selleriegrün einstreuen, mit Salz und Pfeffer abschmecken. Einen feuerfesten Teller mit zerknüllter Alufolie bedecken. Gefüllte Austernschalen waagerecht darauf betten. Mit der Ei-Mischung bedecken. Unterm Grill gratinieren.

Anrichten:

Pro Person drei Austern auf einem Teller anrichten. Suppe kurz vor dem Servieren nochmals aufschäumen, mit Schnittlauch bestreuen und dazu reichen.

Weintipp:

∘ Sherry Manzanilla Las Medallas San Leon, Herederos de Argüeso, Sanlúcar de Barrameda, Andalusien, Spanien (zur Suppe)

∘ ∘ Champagne Legras Grand Cru brut Blanc de Blancs, Chouilly, Champagne, Frankreich (zu den Austern)

Austern öffnen:

Austern erfordern Geschick, Kraft und ein stämmiges Messer: Die Muschel mit der flachen Seite nach oben in ein mehrfach gefaltetes Handtuch legen. Es soll die Hand vor einer abrutschenden Klinge schützen. Das Austernmesser an der spitzesten seitlichen Auswölbung – hier lässt sich der innen liegende Muskel gut erreichen – zwischen den Schalen ansetzen. Messer hin- und herhebeln und mit Kraft zwischen die Schalen stoßen. Messer verwinkeln, bis die Hälften ganz leicht auseinander klaffen. Klinge mit einem Ruck durchziehen, dabei den Muskel abtrennen.

Für 4 Personen

Schwierigkeitsgrad: schwer

Zubereitungszeit: 1 Stunde

Zutaten:

500 g gehäutete, reife Tomaten, 3–4 Essl. Olivenöl, Salz, 1 kleine rote Chilischote (in Ringe geschnitten), 1 Prise Zucker, 1 große Seezunge (900 g), 1 Prise gemahlener Koriander, 200 g blanchierter Mangold oder Spinat, 200 g Räucherlachs (Scheiben), 4 Brikteigblätter, 2 Eiweiß, 6 Essl. Pflanzenöl, etwa 500 g Pappardelle (extra breite Bandnudeln, Rezept Seite 100), 50 g Kräuterbutter, 100 g frisch geriebener Parmesan, 4 Rosmarinzweige, Kerbel für die Dekoration

Tomatensauce:

Tomaten klein schneiden. Mit Olivenöl etwa 20 Minuten einkochen, bis die Sauce eine cremige Konsistenz hat. Mit Salz, Chili und Zucker abschmecken. Warm halten.

Seezungen-Lachs-Roulade:

Ofen auf 200 Grad vorheizen. Seezunge filetieren. Filets leicht salzen und mit Koriander würzen. Seezungenfilets auf ein Tuch legen, mit Mangold- oder Spinatblättern bedecken und Räucherlachs darauf legen. Von der dicken Filetseite zur dünneren Seite hin aufrollen. Brikteigblätter mit Eiweiß bestreichen.
Je eine Fischrolle auf ein Teigblatt legen und an drei Seiten einschlagen. Pflanzenöl erhitzen und Fischrollen darin anbraten – zuerst auf der offenen Seite. Rollen auf ein Gitter legen und etwa 10 Minuten im Ofen garen.

Parmesan-Pappardelle:

Pappardelle in Salzwasser garen. Einzeln mit Kräuterbutter bestreichen, mit Parmesan bestreuen. Aufrollen (Foto rechts) und mit einem Rosmarinzweig zusammenstecken. Kurz im Ofen warm halten.

Anrichten:

Etwas Tomatensauce auf die Teller geben. Nudelrolle darauf legen, Seezungenroulade in der Mitte durchschneiden und daneben setzen.

Weintipp:

◦ 1997er Schieferterrassen Riesling Qualitätswein trocken, Heymann-Löwenstein, Winningen, Mosel-Saar-Ruwer

◦◦ 1998er Von den Terrassen Grüner Veltliner Smaragd, F. X. Pichler, Oberloiben, Wachau, Österreich

Pappardelle:

Für eine Rolle jeweils 4–5 der bereits gekochten breiten Nudeln mit Kräuterbutter bestreichen, mit Parmesan bestreuen und übereinander legen. Dann aufrollen und mit einem Rosmarinzweig feststecken. Im heißen Ofen sollen die Nudeln warm bleiben – aber nicht knusprig werden.

Parmesan-Pappardelle

mit gebackener Seezungen-Lachs-Roulade und Tomatensauce

Warum nicht mal feines Fast Food? Beim „Karte machen“ kommt Marquards Team auf eine herzhafte Idee: „Kuttelburger“! Statt Brötchen: blanchierte Kartoffelscheiben oder Pestofrittata, kleine Eierkuchen mit Basilikum. Als Fleischklops dienen Kutteln. Auch im McMarquard: ein großer Span Parmesankäse und eingelegte Gemüse. Dieser Burger wird frech auf gebeizter Kalbszunge serviert.

Wachtelcrépinette

mit Semmelknödel-Pfifferling-Lasagne

Semmelknödelblätter:

100 g Butter, 50 g gewürfelter Speck, 1 Essl. gewürfelte Zwiebel, 1 Essl. fein gehackte glatte Petersilie, 400 g gewürfeltes Stangenweißbrot, 1 angedrückte Knoblauchzehe, 1 kleiner Rosmarinzweig, Salz, Pfeffer aus der Mühle, 0,25 l Milch, 2 Eier, 100 g Semmelbrösel

Pfifferlinge:

2 Teel. Olivenöl, 50 g Butter, 1 gewürfelte, kleine Zwiebel, 1 Rosmarinzweig, 1 angedrückte Knoblauchzehe, 600 g geputzte Pfifferlinge, Salz, Pfeffer aus der Mühle, 0,25 l Sahne, 1 Essl. gehackte glatte Petersilie

Wachtelcrépinette:

60 g Butter, je 30 g fein gewürfelte Karotten, Sellerie und Lauch, 100 g durch den Fleischwolf gedrehtes Putenfleisch, je 1–2 Teel. gehackter Kerbel und Estragon, Salz, Pfeffer aus der Mühle, 2 Wachteln, 4 Stücke gut gewässertes Schweinenetz (je etwa 25 x 25 cm), 1 kleines Bund Rucola, 1 Prise Zucker, glatte Petersilie für die Dekoration

Für 4 Personen
Schwierigkeitsgrad: schwer
Zubereitungszeit: 2 Stunden

Semmelknödelblätter:

20 g Butter in einer Pfanne zerlassen. Speck- und Zwiebelwürfel darin anbraten. Gehackte Petersilie hinzufügen, kurz mitbraten. Alles in eine Schüssel füllen. 80 g Butter in der Pfanne erhitzen, Brotwürfel darin mit Knoblauch und Rosmarin anbraten. Mit Salz und Pfeffer würzen. Zur Speck-Zwiebel-Mischung geben. Milch aufkochen, mit Salz und Pfeffer würzen, über die Brotwürfel gießen. Andrücken und auskühlen lassen. Rosmarinzweig und Knoblauchzehe herausnehmen. Eier und Semmelbrösel hinzufügen. Den Teig in Klarsichtfolie wickeln und in ein Küchenhandtuch rollen. Etwa eine Stunde in siedendem Wasser ziehen lassen (Foto unten links). Abkühlen lassen, mit der Aufschnittmaschine in 2 mm dünne Scheiben schneiden. Scheiben auf Backpapier auslegen und auf einem Backblech im heißen Ofen trocknen (siehe unten).

Pfifferlinge:

Olivenöl mit 50 g Butter in einer Pfanne erhitzen. Zwiebelwürfel, Rosmarin und Knoblauch darin anschwitzen. Pilze hinzufügen und anbraten. Mit Salz und Pfeffer würzen. Mit Sahne ablöschen, sämig einkochen. Knoblauch und Rosmarin herausnehmen. Petersilie unterheben.

Wachtelcrépinette:

Ofen auf 180 Grad vorheizen. 1 Essl. Butter in einer Pfanne zerlassen. Karotten-, Sellerie- und Lauchwürfel darin anbraten. In einer Schüssel mit dem Putenfleisch mischen. Mit Kerbel, Estragon, Salz und Pfeffer würzen. Wachteln entbeinen, halbieren und mit etwas Salz und Pfeffer würzen. Füllung in die Innenseiten des Geflügels verteilen. Hälften auf je ein Schweinenetz legen und fest einwickeln. In 1 Essl. Butter rundherum kurz anbraten. Auf ein Gitter legen und 7–8 Minuten im Ofen braten.
Restliche Butter in einer Pfanne erhitzen. Rucola darin anbraten, mit Salz, Pfeffer und Zucker würzen.

Anrichten:

Auf 4 Tellern Pfifferlinge und Semmelknödelblätter abwechselnd schichten. Rucola daneben legen. Wachtelcrépinette aufschneiden und darauf legen. Mit Petersilie garnieren.

Weintipp:

∘ 1998er Niersteiner Hipping Weißer Burgunder Qualitätswein trocken, Freiherr Heyl zu Herrnsheim, Nierstein, Rheinhessen
∘ ∘ 1998er Grüner Veltliner Ried Lamm, Willi Bründlmayer, Langenlois, Kamptal, Österreich

Semmelknödel:

Die Teigblätter für die Semmelknödel-Pfifferling-Lasagne trocknet Marquard im warmen Ofen. Wenn's schnell gehen soll: Blätter bei 80 Grad etwa 20 Minuten trocknen. Wenn noch ein Tag zur Vorbereitung bleibt: Ofen ausschalten und die Blätter einige Stunden trocknen lassen – eventuell sogar über Nacht – dann werden sie noch knuspriger. In jedem Fall die Ofentür einen Spalt öffnen (Kochlöffel dazwischen klemmen), damit der Dampf entweichen kann.

Zutaten:

600 g Lammschulter mit Knochen, Salz, Pfeffer aus der Mühle, 2 Essl. Mehl, 0,13 l Olivenöl, 2 gewürfelte Zwiebeln, je 100 g gewürfelte Karotten und Knollensellerie, 2 angedrückte Knoblauchzehen, 2 Rosmarinzweige, 2 Thymianzweige, 0,5 l Weißwein, etwa 0,5 l Wasser, 600 g pariertes Lammkarree, 1 kleines Bund Rucola (gehackt), 0,75 l kräftiger Geflügelfond, 200 g Polentagrieß (Maisgrieß), frisch geriebener Muskat, 4 Essl. Butter, 50 g geriebener Parmesan, 300 g Schnippelbohnen (in Rauten geschnitten), 1 Teel. gehacktes Bohnenkraut, Thymianzweige für die Dekoration

Für 4 Personen

Schwierigkeitsgrad: mittelschwer
Zubereitungszeit: 2 Stunden

Lammschulter:

Ofen auf 160 Grad vorheizen. Lammschulter salzen, pfeffern und mehlieren. 4 Essl. Öl in einem Bräter erhitzen. Schulter darin rundherum anbraten. Herausnehmen. 1 Zwiebel, Karotten, Knollensellerie, 1 Knoblauchzehe, 1 Rosmarin- und 1 Thymianzweig in den Bräter geben und anbraten. Mit Weißwein ablöschen. Schulter wieder in den Bräter legen, knapp mit Wasser bedecken und aufkochen. Lammschulter darin etwa $1^1/_2$ Stunden garen. Fleisch herausnehmen, warm halten. Sauce mit Gemüse durch ein grobes Sieb passieren. Sauce etwa auf die Hälfte oder bis zur optimalen Bindung einkochen.

Lammkarree:

Ofen auf 180 Grad vorheizen. Fettschicht des Lammkarrees kreuzweise einschneiden und zu $^3/_4$ vom Fleisch ablösen, aber nicht abschneiden. Aufklappen, Fleisch salzen, pfeffern und mit gehackter Rucola belegen. Fettschicht wieder darüber klappen und salzen. 1–2 Essl. Olivenöl in einem Bräter erhitzen. Lammkarree darin anbraten. Im Ofen etwa 12–15 Minuten fertig garen.

Polenta:

Geflügelfond mit 1 Rosmarin- und 1 Thymianzweig sowie 1 Knoblauchzehe aufkochen. Kräuter und Knoblauch herausnehmen, Polentagrieß auf einmal einrühren. Etwa 15 Minuten kochen, dabei immer wieder rühren. Mit Salz, Pfeffer und Muskat würzen. 1–2 Essl. Olivenöl, 2 Essl. Butter und geriebenen Parmesan unterrühren. Blech mit 2 Teel. Olivenöl einfetten. Polenta 2 cm hoch darauf streichen und erkalten lassen. Stücke herausbrechen, mehlieren und in 1–2 Essl. Olivenöl goldgelb braten.

Bohnen:

Bohnen in Salzwasser etwa 6–8 Minuten kochen. Gut abtropfen lassen. Restliche Zwiebelwürfel in 2 Essl. Butter andünsten. Bohnen und Bohnenkraut hinzufügen. Mit Salz und Pfeffer würzen. Mit 2–3 Essl. Lammsauce glacieren.

Anrichten:

Lammschulter und -karree aufschneiden. Mit Polenta und Bohnen auf Teller legen, mit Thymian dekorieren.

Weintipp:

- • 1997er Château Mansenoble Réserve, Guido Jansegers, Moux, Corbières, Frankreich
- •• 1996er Gigondas, Domaine Santa Duc, Gigondas, Rhône, Frankreich

Lammkarree:

So werden die Knochenenden für die Koteletts freigelegt: Rippen auf der Unterseite längs mit dem Messer anritzen und freischaben. Mit dem Messerrücken das Fleisch zwischen den Rippen nach innen schieben, sodass die Knochenenden frei abstehen. Dann aus einem starken Küchenfaden eine 20–30 cm lange Schlaufe binden. Ein Schlaufenende um eine Rippe legen, durch das andere etwa einen Kochlöffel stecken, um besser ziehen zu können. Die Schlaufe dicht am Rippenknochen entlang ruckartig zum Mittelknochen ziehen und dabei die Rippen freilegen. Die auf der Rippenoberseite entstandenen Fleischlappen der Länge nach abschneiden – sie lassen sich gut für ein Ragout verwenden.

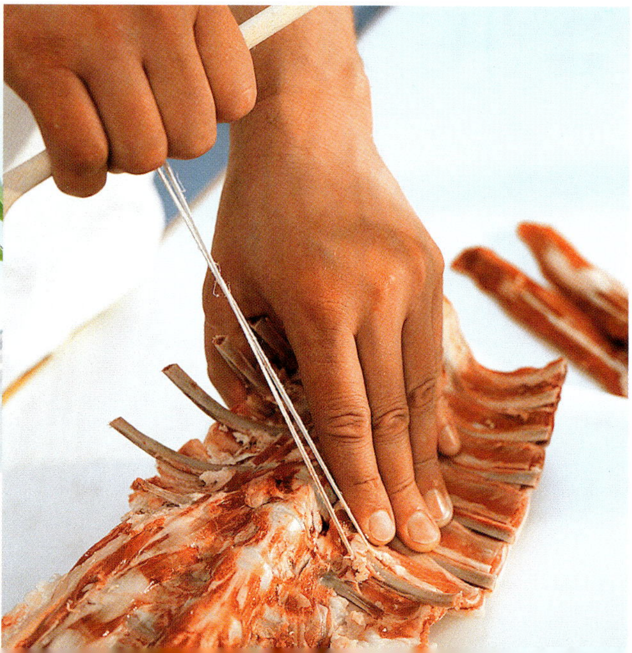

Lammkarree und geschmorte Schulter

mit Schnippelbohnen und gebackener Polenta

Karamellisierte Kokostarte mit Ananas-Fenchel-Salat

«Ohne Anbrennen Karamell herstellen? Die Pfanne heiß werden lassen und Zucker nach und nach hineinstreuen – und zwar immer auf die bereits karamellisierte Stelle.»

Zutaten:

300 g Mürbeteig (etwa aus 200 g Mehl, 100 g Butter, 80 g Zucker, 1 Ei), 2–3 Essl. getrocknete Hülsenfrüchte (Linsen, Erbsen oder Bohnen) zum Blindbacken, 100 g Butter, 150 g Zucker, 5 Eier, 50 g geröstete Kokosflocken, 175 g Marzipan, 50 g Mehl, 1 Fenchelknolle (in hauchdünne Scheiben geschnitten) mit Grün, 2 Teel. Pernod, Saft von 1 Zitrone, 1 geschnittene Ananas (mit der Brotmaschine in hauchdünne Scheiben geschnitten), 1 Bund Dill (gehackt und einige Stiele für die Dekoration)

Für 4 Personen
Schwierigkeitsgrad: schwer
Zubereitungszeit: 1 1/4 Stunden

Kokostarte:

Ofen auf 180 Grad vorheizen. Mürbeteig auf Backpapier ausrollen und in einer Form mit Hülsenfrüchten 10 Minuten blindbacken (siehe unten). Oberes Backpapier und Hülsenfrüchte abnehmen. In einer Schüssel Butter und 50 g Zucker schaumig schlagen. Eier zufügen. Kokosflocken, Marzipan und zum Schluss das Mehl zufügen. Alles gut zu einer glatten Masse verrühren. Auf den vorgebackenen Teig gießen. Etwa 20–25 Minuten bei 160 Grad backen. In Portionen schneiden und mit restlichem Zucker bestreuen. Mit einem Bunsenbrenner oder unterm heißen Grill karamellisieren.

Ananas-Fenchel-Salat:

50 g Zucker karamellisieren. Fenchel hineingeben. Mit Pernod und Zitronensaft ablöschen und weich kochen. Ananas hinzufügen, Dill und etwas gehacktes Fenchelgrün unterheben. Völlig abkühlen lassen. Vor dem Servieren kurz ins Gefrierfach stellen.

Anrichten:

Ananas-Fenchel-Salat auf die Teller geben. Darauf ein Stück Tarte legen. Mit Dill und Fenchelgrün dekorieren.

Weintipp:

∘ 1998er Moscato del Piemonte, Piero Gatti, Santo Stefano Belbo, Piemont, Italien
∘∘ 1996er Château Doisy-Daëne, Barsac, Sauternes, Frankreich

Blindbacken:

Den gut gekühlten Mürbeteig auf Backpapier ausrollen und mit dem Papier in eine Form legen. Überstehendes Papier abschneiden. Mit einer Gabel ein paarmal in den Teig stechen. Backpapier auf den Teig legen und mit Hülsenfrüchten beschweren, damit der Teig im Ofen nicht aufgeht. Bei 180 Grad im unteren Teil des Ofens bei Ober- und Unterhitze 10 Minuten backen. Abkühlen lassen.

Fisch

Wie Profis ganze Fische häuten, ausnehmen, filetieren und füllen

Wolfsbarsch filetieren

Erstes Filet:
Mit einem langen, flexiblen Messer den Rücken vom Kopf bis zum Schwanz einschneiden und in der Mitte des Fisches das Messer zwischen Gräte und oberem Filet durchstechen. Die Klinge bis zum Schwanz ziehen. Das halb gelöste Filet festhalten, den noch ungelösten Rest zum Kopf hin von der Gräte schneiden. Filet hinter dem Kopf abtrennen.

Zweites Filet:
Messer vom Schwanz zum Kopf hin mit der Klinge nach außen 2 cm tief an der Gräte entlangziehen (Foto links). Klinge in der Mitte zwischen Gräte und Filet durchstechen: zuerst entlang der Gräte zum Schwanz hin durchziehen, dann zum Kopf. Fisch umdrehen und das Filet vom Kopf lösen.

Entgräten:
Filets auf die Haut legen. Das Messer zum Bauchlappen hin unter die Grätenreihe schieben. Gräten mit dem Bauchlappen abschneiden (Foto unten). Die restlichen Gräten mit einer Pinzette herausziehen.

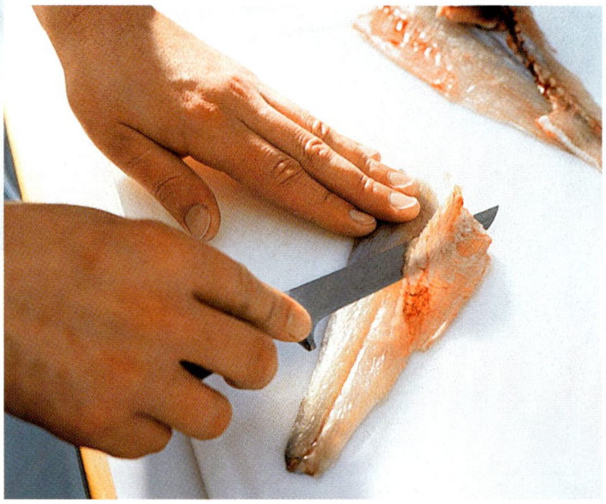

Seezunge häuten

Häuten:
Die Haut mit einem Messer quer zur Gräte am Schwanz einritzen, vom Schwanzknochen abschaben und so weit anheben, bis man sie mit den Fingerspitzen fassen kann. Den Hautzipfel und Schwanz jeweils mit einer Hand gut festhalten und die Haut zum Kopf hin abziehen. Damit die Finger besser greifen können, kleine Stückchen Papier oder Stoff zu Hilfe nehmen.

Filetieren:
Die Seezunge hat auf jeder Seite zwei Filets. Sie werden von innen nach außen von der Gräte gelöst.

Forelle vom Rücken entgräten:

Wenn die Bauchseite des Fisches zum Füllen geschlossen bleiben soll (Rezept unten), entgrätet man den Fisch durch den Rücken: Den Rücken mit einem scharfen, biegsamen Messer beidseitig der Gräte tief einschneiden (1 und 2). Die Gräte jeweils am Kopf- und Schwanzende abschneiden – dabei die Galle nicht verletzen – und mit den Innereien herausziehen (3). Die restlichen Gräten mit einer Pinzette entfernen. Den Fisch gründlich waschen und zum Füllen auseinander klappen.

1

2

3

Wolfsbarsch mit Panzanella

Panzanella (italienischer Brotsalat):

Weißbrot in grobe Scheiben schneiden und in Olivenöl mit Knoblauch und Rosmarin rösten. „Die echte Panzanella wird mit altem, eingeweichtem Brot zubereitet", sagt Marquard, „aber das finde ich nicht so appetitlich." Die Croûtons mit Tomatenachteln, hauchdünnen Ringen von einer roten Zwiebel und italienischer Salami vermischen. Mit Olivenöl, Aceto balsamico, Basilikum, Salz und Pfeffer abschmecken.

Wolfsbarsch:

Ofen auf 200 Grad vorheizen. Den Wolfsbarsch durch den Rücken entgräten (siehe oben) und mit Panzanella füllen. Mit Küchengarn zusammenbinden. Den gefüllten Fisch vorsichtig in der Pfanne anbraten. Auf grob gewürfeltes, angeschwitztes Wurzelgemüse in eine Sauteuse legen. Bei 200 Grad 12–15 Minuten im Ofen garen.

4

Crostini, Pasta und Pesto, Vitello tonnato – und Rollmöpse. Alles altbekannt? Von wegen – hier köcheln Überraschungen!

Mediterrane Küche

Crostini mit Pfifferlingen
Crostini mit Bohnenpüree
Crostini mit Ratatouille

Für 4 Personen

Schwierigkeitsgrad: leicht

Zubereitungszeit: 30 Minuten
plus Einweichzeit für die Bohnen

Bohnenpüree:

Bohnen über Nacht einweichen, abtropfen lassen. 2 Essl. Olivenöl erhitzen. Speckschwarte, Zwiebel, Knoblauch, Tomate und Rosmarin darin anschwitzen. Salzen, pfeffern und mit einer Prise Zucker würzen. Mit Weißwein ablöschen und ganz einkochen. Mit Geflügelfond auffüllen. Bohnen hinzufügen.
Etwa 1 1/2 Stunden kochen, bis die Flüssigkeit fast verkocht ist. Knoblauch, Rosmarin und Speckschwarte herausnehmen. Bohnen pürieren.
Mit 1 Essl. Olivenöl, Zitronensaft, Salz und Pfeffer abschmecken.
4 geröstete Baguettescheiben mit der Masse bestreichen. Mit gebratenen Speckwürfeln, Schnittlauch und frittierten Salbeiblättchen garnieren.

Pfifferlinge:

1 Essl. Olivenöl in einer Pfanne erhitzen. Pfifferlinge darin braten. Knoblauch, Thymianblättchen, Salz, Pfeffer, Petersilie und weißen Aceto balsamico hinzufügen. Auf 4 geröstete Baguettescheiben verteilen. Mit gehobeltem Parmesan bestreuen.

Ratatouille:

2 Essl. Olivenöl erhitzen. Gemüsewürfel darin anbraten. Salz, Pfeffer, Knoblauchzehe, Rosmarin- und Thymianzweig, 1 Prise Zucker und Tomatensaft zufügen. Kurz köcheln lassen. Mit weißem Aceto balsamico abschmecken. Knoblauch, Rosmarin und Thymian entfernen. Ratatouille auf 4 geröstete Baguettescheiben verteilen.

Anrichten:

Crostini auf Teller verteilen und sofort servieren.

Weintipp:

o 1998er Pomino bianco, Marchesi de' Frescobaldi, Florenz, Toskana, Italien

o o 1998er Chardonnay Printanié, Aldo Conterno, Monforte d'Alba, Piemont, Italien

Zutaten

Crostini:

1 Baguette, in Scheiben geschnitten, geröstet und mit Knoblauch eingerieben

Bohnenpüree:

100 g getrocknete weiße Bohnen, 3 Essl. Olivenöl, etwa 5 cm Speckschwarte, 1 Essl. klein geschnittene Zwiebel, 1 angedrückte Knoblauchzehe, 1 gewürfelte, kleine Tomate, 1 Rosmarinzweig, Salz, Pfeffer aus der Mühle, Zucker, 0,25 l Weißwein, 0,5 l Geflügelfond, Saft von 1/2 Zitrone, 1 Essl. gebratene Speckwürfel, 1 Essl. Schnittlauchröllchen, 4 frittierte Salbeiblättchen für die Dekoration

Pfifferlinge:

1 Essl. Olivenöl, 120 g geputzte Pfifferlinge, 1 angedrückte Knoblauchzehe, 1 Thymianzweig, Salz, Pfeffer aus der Mühle, 1 Essl. fein geschnittene glatte Petersilie, 1 Teel. weißer Aceto balsamico, 20 g gehobelter Parmesan

Ratatouille:

2 Essl. Olivenöl, je 1/2 rote und gelbe Paprika (fein gewürfelt), 1/2 Zucchino (fein gewürfelt, 90 g), 1/2 fein gewürfelte Aubergine (125 g), Salz, Pfeffer aus der Mühle, 1 angedrückte Knoblauchzehe, 1 Rosmarinzweig, 1 Thymianzweig, Zucker, 1 Essl. Tomatensaft, 1 Teel. weißer Aceto balsamico

«Blitzschnell ist Tomaten-Aufstrich angerührt: ausgedrückte Dosentomaten und frische Tomaten würfeln und mit Aceto balsamico, Olivenöl, Basilikum-Streifen, Salz, Pfeffer und Zucker abschmecken.»

Grillgemüse:

Die Gemüsestreifen mariniert Marquard mit einer pikanten Tomatensauce. Die Paprikaschoten hat er zuvor gehäutet („Vorher eine Weile in den heißen Ofen legen – dann wirft die Haut Blasen und löst sich.") Am besten schmeckt das Gemüse, wenn es einige Tage mariniert im Kühlschrank gelegen hat.

Calamaretti:

Tipp vom Küchenchef: „Die marinierten Calamaretti mit Butter in der heißen Pfanne schwenken. Aber nur ein paar Sekunden – sonst werden sie zäh wie Hosenleder!"

Zutaten:

1 rote und 1 gelbe Paprikaschote (gehäutet und entkernt), 1 grüner und 1 gelber Zucchino (je 180 g), 1 Aubergine (250 g), Salz, Pfeffer aus der Mühle, gemahlener Koriander, 2 Teel. gehackter Rosmarin, 2 Teel. gehackter Thymian, 7 Essl. Olivenöl, 1 kleine Dose geschälte Tomaten, 1 Prise Zucker, 1–2 Essl. Aceto balsamico, 16 küchenfertige, kleine Calamaretti (siehe unten), 1 angedrückte Knoblauchzehe, $\frac{1}{2}$ Essl. fein geschnittene glatte Petersilie, 1 Essl. Butter, Rosmarinzweige für die Dekoration

Für 4 Personen

Schwierigkeitsgrad: leicht

Zubereitungszeit: 1 Stunde plus Marinierzeit

Grillgemüse:

Paprika in etwa 4 cm breite Streifen schneiden. Zucchini und Aubergine auf der Aufschnittmaschine längs in etwa 4 mm dicke Scheiben schneiden. Mit Salz, Pfeffer, Koriander und je 1 Teel. Rosmarin und Thymian würzen. 3 Essl. Olivenöl in einer Grillpfanne erhitzen. Gemüse portionsweise darin von beiden Seiten grillen. Tomaten durch ein Sieb passieren. Mit Salz, Pfeffer, Zucker, Aceto balsamico und 2 Essl. Olivenöl mischen. Gegrilltes Gemüse darin über Nacht marinieren.

Calamaretti:

Calamaretti mit Salz, Pfeffer, je 1 Teel. Rosmarin und Thymian, Knoblauch, 2 Essl. Olivenöl und glatter Petersilie kurz marinieren. In einer heißen Pfanne $1-1\frac{1}{2}$ Minuten braten. Butter dazugeben, kurz durchschwenken und aus der Pfanne nehmen. Knoblauch herausnehmen.

Anrichten:

Marinierte Gemüse sternförmig auf Teller legen. Calamaretti darauf verteilen. Mit Rosmarin garnieren.

Weintipp:

∘ 1998er Saumur blanc, Château de Villeneuve, Souzay-Champigny, Saumur, Loire, Frankreich

∘∘ 1998er Zöbinger Heiligenstein Riesling Qualitätswein trocken, Willi Bründlmayer, Langenlois, Kamptal, Österreich

Calamaretti vorbereiten:

Zuerst die Tentakel aus dem Körperbeutel ziehen (1). Die zusammenhängenden Fangarme von Kopf und Eingeweiden abschneiden. Tentakel umdrehen, die harten Kauwerkzeuge herausdrücken und entfernen. Aus dem Rumpf das harte, transparente Rückgrat herausziehen. Tentakel und Rumpf gründlich waschen. Die Fangarme müssen nicht zerkleinert werden, den Körper schneidet Marquard in etwa 5 mm dünne Ringe (2).

Eingelegte Grillgemüse mit gebratenen Calamaretti

Variationen von Vitello tonnato

Zutaten

Variante 1:
4 Scheiben Tunfischfilet (etwa 1 cm dick, je 50 g), Salz, gemahlener Koriander, Saft von 1 Zitrone, 2–3 Essl. Olivenöl, 20 g sehr fein gewürfelter Knollensellerie, 1 Essl. Basilikum (in sehr feine Streifen geschnitten), 80 g Kalbstatar (fein gewürfelter Kalbsrücken), Pfeffer aus der Mühle, 1 Prise Zucker, 3 Essl. warme Kalbsjus, ersatzweise Geflügelfond, Feld- und Friséesalat als Garnitur

Variante 2:
120 g küchenfertiger Kalbsrücken (in 5 mm dicke Scheiben geschnitten), Salz, Pfeffer aus der Mühle, 3 Essl. Olivenöl, 1/2 Essl. fein gehackte glatte Petersilie, 0,25 l Geflügelfond, etwa 1 Essl. Zitronensaft, 1 Teel. Senf, 2 Kirschtomaten (in Streifen geschnitten), 1–2 Dillzweige, 3 gegarte Lasagneblätter (in 12 Dreiecke geschnitten)

Variante 3:
3 Essl. Olivenöl, 160 g Kalbsrücken, Salz, Pfeffer aus der Mühle, 1 Rosmarinzweig, 1 angedrückte Knoblauchzehe, 1 Dose Tunfisch in Öl, 1 Eigelb, 1 Teel. rosa Pfeffer, 3 Essl. Traubenkernöl, 1 Prise Zucker, Saft von 1 Zitrone, 1 gewürfelte, kleine Tomate, 2 Essl. Kapern, Filets von 1 Zitrone, Petersilienzweige als Garnitur

Für 4 Personen
Schwierigkeitsgrad: leicht
Zubereitungszeit: 1 Stunde

Variante 1:
Tunfisch mit Salz und Koriander würzen. Die Hälfte des Zitronensaftes und des Olivenöls verrühren. Fisch 10 Minuten darin einlegen. Herausnehmen, abtropfen lassen. Mit Sellerie und Basilikum bestreuen. Beiseite stellen. Kalbstatar mit Salz, Pfeffer, Zucker, Kalbsjus sowie dem restlichen Zitronensaft und Olivenöl abschmecken.

Anrichten:
Auf jedes Stück Tunfisch etwa einen Teel. Kalbstatar setzen. Mit Salatblättchen garnieren.

Variante 2:
Kalbfleischscheiben salzen, pfeffern. 1 Essl. Olivenöl erhitzen. Fleisch darin anbraten, Petersilie zufügen. Kurz durch die heiße Pfanne durchschwenken, herausnehmen. Das Fleisch soll noch glasig sein. Mit Geflügelfond ablöschen, etwas einkochen. Zitronensaft nach Geschmack zufügen. Senf, 2 Essl. Olivenöl, Tomaten und Dill in die Pfanne geben. Fisch und Kalbfleisch zufügen und durchschwenken. Nudeldreiecke dazugeben und durchschwenken. Mit Salz und Pfeffer abschmecken.

Anrichten:
Lasagne locker auf Teller schichten.

Variante 3:
1 Essl. Olivenöl in einer Pfanne erhitzen. Kalbfleisch salzen, pfeffern. Mit Rosmarin und Knoblauch von allen Seiten in der Pfanne auf den Punkt braten. Herausnehmen. Abkühlen lassen. Bratensatz mit 1–2 Essl. Wasser ablöschen und aufheben. Im Mixer Tunfisch, Eigelb, rosa Pfeffer, Salz, 2 Essl. Olivenöl, Traubenkernöl, Zucker und Zitronensaft sowie den Bratensatz aus der Pfanne mixen. Fleisch in 2 mm dünne Scheiben schneiden.

Anrichten:
Fleisch dachziegelartig auslegen. Sauce angießen. Kapern, Tomatenwürfel und Zitronenfilets darauf verteilen. Mit Petersilie garnieren.

Weintipp:
∘ 1998er Hundsleiten Grüner Veltliner, Roman Pfaffl, Stetten, Weinviertel, Österreich

∘ ∘ 1998er Pinot grigio, Silvio Jermann, Farra d'Isonzo, Friaul, Italien

Im Bechermixer rührt Marquard die Tunfischsauce an: Tunfisch aus der Dose, Ei, Zitronensaft, rosa Pfeffer, Salz, Zucker und Öl (eine Mischung aus Oliven- und Traubenkernöl – zu viel Olivenöl lässt die Sauce bitter werden). Außerdem gibt der Küchenchef den Bratensaft von dem angebratenen Kalbfleisch dazu – das macht die Sauce herzhaft.

Cacciucco

«Cacciucco ist ein Fischeintopf aus Ligurien. Für den würde ich jede Bouillabaisse stehen lassen.»

Zutaten:

je 50 g grob geschnittene Karotten, Zwiebeln und Knollensellerie, 20 g geschälter Knoblauch, 1 rote Chilischote, 5 Essl. Olivenöl, 2 g Safran, 12 küchenfertige Calamaretti (in feine Ringe geschnitten, siehe Seite 84) mit Tentakeln, 2–3 Essl. Weißwein, 0,5 l Geflügelfond, 0,5 l Muschelfond (ersatzweise Geflügelfond), 0,5 l passierte Dosentomaten, 200 g Steinbuttfilet mit Haut (in grobe Stücke geschnitten), 200 g Wolfsbarsch-Filet mit Haut (in grobe Stücke geschnitten), 4 halbe Rotbarbenfilets mit Haut, 4 geschälte Riesengarnelen, Salz, Pfeffer, gemahlener Koriander, 12 Miesmuscheln mit Schale, 12 Venusmuscheln mit Schale, 1 Essl. gehackte glatte Petersilie, 1 Baguette (in Scheiben geschnitten, geröstet und mit Knoblauch eingerieben)

Für 4 Personen

Schwierigkeitsgrad: leicht

Zubereitungszeit: 1 Stunde

Cacciucco:

Karotten, Zwiebel, Knollensellerie, Knoblauch und Chili im Mixer pürieren. 2 Essl. Olivenöl in einem Topf erhitzen. Püriertes Gemüse darin anschwitzen. Safran, Calamaretti-Ringe und Tentakel zufügen. Mit Weißwein ablöschen, einkochen. Geflügel- und Muschelfond zufügen. Passierte Tomaten einrühren. 20–30 Minuten köcheln lassen und um ein Drittel reduzieren. Fischfilets und Riesengarnelen mit Salz, Pfeffer und Koriander würzen und zusammen mit den Muscheln in die Suppe geben (die Fischfilets mit der Haut nach oben). Mit 3 Essl. Olivenöl beträufeln, mit Petersilie bestreuen. Zugedeckt alles aufkochen lassen. Topf von der Herdplatte ziehen und den Eintopf etwa 5 Minuten ziehen lassen. Abschmecken.

Anrichten:

Eintopf in tiefe Teller füllen. Knoblauch-Crostini dazu reichen.

Weintipp:

∘ 1998er Tocai Friulano, Edi Keber, Cormons, Friaul, Italien

∘ ∘ Chardonnay Darscho, Velich, Apetlon, Neusiedler See, Österreich

Zutaten:
500 g Vongole veraci (Venusmuscheln), 1 rote Chilischote, 1 gewürfelte, kleine Zwiebel (20 g), 1 gewürfelte Lauchstange (nur das Weiße, 50 g), 1 gewürfelte, kleine Karotte, 1 Thymianzweig, 3 Essl. Olivenöl, 0,125 l Weißwein, 0,5 l Geflügelfond, 1 Essl. Butter, 1 Essl. fein geschnittene glatte Petersilie, 1 gewürfelte, kleine Tomate, 1 Essl. geriebene Kartoffel zum Binden, 480 g gegarte Tagliolini (Rezept auf Seite 100), Saft von 1 Zitrone zum Abschmecken

So befreit Marquard die Venusmuscheln vom Sand: Muscheln zusammen mit einer halbierten Chilischote eine Stunde in kaltes Wasser legen. Dann spucken sie den Sand aus. Anschließend mit einem Schaumlöffel herausnehmen und abtropfen lassen.

Für 4 Personen
Schwierigkeitsgrad: leicht
Zubereitungszeit: 1 Stunde

Vongole al bianco:

Muscheln mit Hilfe einer Chilischote vom Sand befreien (Foto links). Zwiebel, Lauch, Karotte und Thymian in 3 Essl. Olivenöl in einem Topf anbraten. Mit Weißwein ablöschen und einkochen. Muscheln zufügen, mit Geflügelfond auffüllen. Deckel aufsetzen. Aufkochen und 5–10 Minuten köcheln lassen, bis sich fast alle Muscheln geöffnet haben. Geschlossene Muscheln wegwerfen. Offene Muscheln herausheben, von Gemüsewürfeln befreien. Nach Belieben aus der Schale nehmen. Butter mit Tomate und Petersilie in einem Topf erhitzen. Muschelfond durch ein Sieb in den Topf gießen. Auf 125 ml reduzieren. Mit geriebener Kartoffel binden und aufkochen. Muscheln wieder hineingeben.

Anrichten:

Tagliolini mit Muscheln und Sauce vermischen. Mit Zitronensaft abschmecken und sofort servieren.

Weintipp:

∘ 1998er La Segreta bianco, Planeta, Sambuca di Sicilia, Sizilien, Italien
∘∘ 1998er Ihringer Winklerberg Grauburgunder Spätlese trocken, Dr. Heger, Ihringen, Kaiserstuhl, Baden

«Mit übrig gebliebenem Vongole-Fond lassen sich mediterrane Gerichte genial abschmecken.»

Tagliolini con vongole al bianco

Auf Marquards Speisenkarte heißt der Wolfsbarsch nicht Loup de mer, sondern Branzino. Und Klassiker vom Mittelmeer werden neu interpretiert: Traubenkernöl statt Olio d'oliva, weiße Schokolade statt Parmigiano, Zucker statt Salz – schon passt das Pesto zum Dessert. In den „Drei Stuben" ist durch Marquard sogar der Party-schreck Tiramisu wieder salonfähig – mit fränkischem Holunderblütengelee.

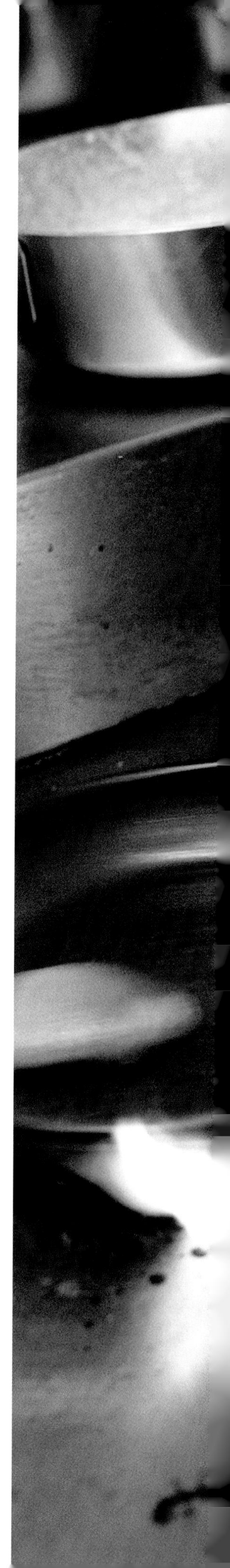

Rollmops vom Branzino

in saurer Gemüsenage

Zutaten

Gemüsenage:

1 Teel. Zucker, 2–3 Essl. Noilly Prat, 0,1 l Weißwein, 0,75 l kräftiger Gemüsefond, 1 Essl. Senfkörner, 2 Lorbeerblätter, 200 g Karotten (in Blümchen geschnitten), 100 g Staudensellerie (in Rauten geschnitten), 100 g Knollensellerie (in Rauten geschnitten), 1 Lauchstange (in Ringe geschnitten), 2–3 Essl. weißer Aceto balsamico, Salz, Zucker, Pfeffer aus der Mühle, gemahlener Koriander

Rollmops:

je ½ fein gewürfelte rote und gelbe Paprikaschote, 2 Essl. Olivenöl, 1 Thymianzweig, 1 Rosmarinzweig, 1 angedrückte Knoblauchzehe, Salz, Pfeffer aus der Mühle, 1 Prise Zucker, 2–3 Essl. Tomatensaft, 1 Essl. fein geschnittene Basilikumblättchen, 4 Branzinofilets (Wolfsbarsch) mit Haut (je 80–100 g), gemahlener Koriander, Schnittlauchstangen und Kerbel als Garnitur

Für 4 Personen

Schwierigkeitsgrad: leicht

Zubereitungszeit: 1 Stunde

Gemüsenage:

Zucker hellbraun karamellisieren. Mit Noilly Prat ablöschen. Weißwein angießen und komplett einkochen. Gemüsefond angießen, aufkochen. Senfkörner, Lorbeer, Karotten, Sellerie und Lauch zufügen. Etwa 10 Minuten köcheln. Die Gemüse sollen noch Biss haben. Aceto balsamico zufügen. Mit Salz, Zucker, Pfeffer und Koriander abschmecken. Warm halten.

Rollmops:

Paprika in Olivenöl anschwitzen. Thymian, Rosmarin und Knoblauch hinzufügen. Mit Salz, Pfeffer und Zucker würzen. Mit Tomatensaft ablöschen. Basilikum unterheben, kalt werden lassen. Branzinofilets auf der Hautseite mehrmals leicht diagonal einschneiden. Von beiden Seiten mit Salz, Pfeffer und Koriander würzen. Filets mit Paprikawürfeln zusammen aufrollen (Foto links). 10 Minuten in der Gemüsenage schwimmend garen.

Anrichten:

Gemüsenage in tiefe Teller verteilen. Je einen Rollmops hineinlegen, mit Schnittlauch und Kerbel garnieren.

Weintipp:

∘ 1998er Est! Est! Est! di Montefiascone, Falesco, Montefiascone, Latium, Italien

∘∘ 1998er Iphöfer Julius-Echter-Berg Silvaner Spätlese trocken, Johann Ruck, Iphofen, Franken

Rollmops:

Branzinofilets mit der mehrmals eingeschnittenen Hautseite nach unten ausbreiten. Paprikawürfel aufstreichen. Filets von der Schwanzseite her aufrollen. Die Rollmöpse mit langen Holzstäbchen feststecken.

«Die mediterrane Küche ist leicht, bekömmlich – und vor allem ehrlich»

Zutaten Kaninchen-Kraut-Eintopf:

150 g gewürfelte Zwiebeln, 4 Essl. Olivenöl, 1 kleiner Weißkohl (in Rauten geschnitten, 1 kg), 2 Teel. Zucker, Salz, Pfeffer aus der Mühle, 0,25 l Weißwein, 1 l Geflügelfond, 20 entsteinte schwarze Oliven, 10 zerdrückte Wacholderbeeren, 4 Lorbeerblätter, 4 Kaninchenschultern, 2 Essl. Butter, 1 kleine Karotte (in feine Streifen geschnitten, 50 g), 1 Kaninchenleber, 2 Kaninchennieren, 2 Teel. gehackter Thymian, 2 Teel. gehackter Knoblauch, 2 ausgelöste Kaninchenrücken und die Knochen, 1 Bund Schnittlauch in Röllchen, je 50 g gewürfelte Zwiebel, Karotte und Knollensellerie, 2–3 Essl. Sherry

Spinat-Gnocchi:

1 Essl. Butter, 1 kleiner Rosmarinzweig, 1 angedrückte Knoblauchzehe, 200 g Gnocchi (Rezept Seite 18), 200 g blanchierter, klein geschnittener Blattspinat, Salz, Pfeffer, frisch geriebener Muskat, 40 g frisch geriebener Parmesan, Kerbel als Garnitur, Schnittlauchröllchen zum Bestreuen

Für 4 Personen

Schwierigkeitsgrad: mittelschwer

Zubereitungszeit: 2 Stunden

Kaninchen-Kraut-Eintopf:

100 g gewürfelte Zwiebeln in 2 Essl. Olivenöl anschwitzen. Weißkohl zufügen, mit anschwitzen. Mit 2 Teel. Zucker karamellisieren. Salzen, pfeffern. Mit Weißwein ablöschen und ganz einkochen. Geflügelfond angießen, kräftig durchkochen lassen. Alles durch ein Sieb gießen, Weißkohl beiseite stellen. 2 Kellen Sud abnehmen und beiseite stellen. Oliven, Wacholderbeeren und Lorbeerblätter in den restlichen Sud geben. Fleisch salzen, pfeffern, in den Sud legen und etwa 35 Minuten garen. Herausnehmen, vom Knochen lösen und warm halten. Sud durch ein Sieb gießen. Oliven wieder hinzufügen. Weißkohl und Karotten in den Sud geben. Leber und Nieren in 1 Essl. Butter mit je 1 Teel. gehacktem Thymian und Knoblauch schwenken. Warm halten. Ofen auf 180 Grad vorheizen. Ausgelöste Kaninchenrücken in 1 Essl. Olivenöl mit je 1 Teel. gehacktem Thymian und Knoblauch von allen Seiten anbraten. Dann im Ofen etwa 3–4 Minuten garen. Warm halten.

Sauce:

Für die Sauce Kaninchenknochen klein hacken. 1 Essl. Olivenöl in einem Topf erhitzen. Knochen darin goldgelb anbraten. Zwiebel-, Karotten- und Selleriewürfel mitrösten. Mit Sherry ablöschen. 1 Kelle vom zurückbehaltenen Sud und etwas Wasser hinzufügen. Etwa 1 Stunde köcheln lassen. Durch ein Sieb gießen. Etwas einkochen. Mit etwas Butter und Salz abschmecken.

Spinat-Gnocchi:

1 Essl. Butter in einem Topf zerlassen. Rosmarin und Knoblauchzehe darin schwenken. 1 Kelle vom zurückbehaltenen Sud angießen, aufkochen lassen. Gnocchi darin garen. Spinat zufügen. Mit Salz, Pfeffer und Muskat abschmecken. Parmesan unterrühren.

Anrichten:

Fleisch auf Spinat-Gnocchi anrichten, mit Sauce beträufeln und mit Kerbel dekorieren. Eintopf in tiefen Tellern extra reichen. Kaninchenrücken, Nieren und Leber aufschneiden und in den Eintopf legen. Mit Schnittlauchröllchen bestreuen.

Weintipp:

∘ 1998er Pinot grigio, Paolo Cesconi, Lavis, Trentino, Italien

∘∘ 1995er Viña Real Rioja Reserva, Bodegas Compañia Vinicola del Norte de España (CVNE), Haro, Rioja, Spanien

Kaninchen-Kraut-Eintopf

mit gesottener Schulter auf Spinat-Gnocchi

Gebrannte Rosmarincreme
mit Pflaumensalat und süßem Pesto

«Beim
Gratinieren von Crème brûlée unterm Grill
bloß nichts anbrennen lassen!»

Zutaten

Creme:

0,4 l Sahne, 0,4 l Milch, 120 g Zucker, Mark von 1 Vanilleschote, 1 Sternanis, 12 verquirlte Eigelb, 20 g sehr fein gehackter Rosmarin, 40 g brauner Zucker zum Gratinieren

Pflaumensalat:

1–2 Essl. Zwetschgenschnaps, 1–2 Essl. Rotwein, 20 g Zucker, 1 Sternanis, 1 Zimtstange, 12 entkernte Pflaumen (in Spalten geschnitten), 20 g geröstete Pinienkerne, 10 g gehackte Pistazienkerne

Pesto:

2–3 Essl. Traubenkernöl, 20 g geraspelte weiße Kuvertüre, Saft von 1 Zitrone, 10 g Pinienkerne, 1 kleines Bund Basilikum, Zucker nach Belieben, Puderzucker zum Bestäuben, Basilikumblättchen und Rosmarinzweige als Garnitur

Für 4 Personen

Schwierigkeitsgrad: leicht

Zubereitungszeit: 1 Stunde

Rosmarincreme:

Sahne und Milch aufkochen. Zucker, Vanille und Sternanis zufügen, nochmals aufkochen. Topf von der Herdplatte ziehen. Eigelb unter ständigem Rühren in die Sahnemischung einfließen lassen. Durch ein Sieb in eine Schüssel gießen, Rosmarin hinzufügen. In 4 feuerfeste Schüsseln oder tiefe Teller verteilen. Ofen auf etwa 140 Grad vorheizen. Creme etwa 20 Minuten darin stocken lassen. Kalt werden lassen. Vor dem Servieren mit braunem Zucker bestreuen und unterm sehr heißen Grill oder mit dem Bunsenbrenner gratinieren.

Pflaumensalat:

Schnaps, Rotwein, Zucker, Sternanis und Zimt aufkochen. 6 Pflaumen zufügen. Aufkochen lassen, Pflaumen herausnehmen. Sud sirupartig einkochen. Sternanis und Zimtstange entfernen. Pflaumen wieder in den Sud geben, darin glasieren und abkühlen lassen. Pinien- und Pistazienkerne zufügen.

Pesto:

Öl, Kuvertüre, Zitronensaft, Pinienkerne und Basilikum im Mixer pürieren, bis eine feine grüne Farbe entstanden ist. Nach Geschmack mit Zucker nachsüßen.

Anrichten:

Pflaumensalat, rohe Pflaumen und Pesto auf der gratinierten Creme verteilen. Mit Puderzucker bestäuben, mit Basilikum und Rosmarin garnieren.

Weintipp:

○ 1998er Ürziger Würzgarten Riesling Spätlese, Dr. Loosen, Bernkastel-Kues, Mosel-Saar-Ruwer

○○ 1996er Ruster Ausbruch, Feiler-Artinger, Rust, Neusiedler-See-Hügelland, Österreich

Pasta

Hausgemachte Eiernudeln und drei verführerische Saucen

Eiernudeln

Grundrezept für 4 Personen:
300 g 405er Mehl und 200 g Hartweizengrieß auf die Arbeitsplatte häufen. Eine Mulde hineindrücken und 5 Eier, 1 Essl. Olivenöl und eine Prise Salz hineingeben (Foto unten). Die Zutaten in der Mulde mit den Fingern verrühren und dann immer mehr Mehl und Grieß vom Rand mit hineinnehmen. Schließlich vermengen und kräftig kneten, bis der Teig glatt und sehr fest ist. „Je härter der Teig", sagt Marquard, „desto mehr Biss haben später die Nudeln." Den Teig in Klarsichtfolie wickeln und eine Stunde im Kühlschrank ruhen lassen.

Nudeln formen:
Den Teig stückweise in der Nudelmaschine platt walzen, zusammenfalten und erneut walzen. Den Teig zwischendurch immer wieder mit Mehl bestäuben. Den Vorgang einige Male wiederholen, bis ein geschmeidiges, aber stabiles Teigblatt entstanden ist. Die Teigblätter vorsichtig durch die unterschiedlich breiten Walzen der Nudelmaschine drehen – etwa zu breiteren Bandnudeln, Tagliatelle genannt, oder zu den dünneren Tagliolini. Die rechteckigen Platten (Lasagne) und die gezackten Pappardelle werden mit dem Messer oder einem gewellten Teigrädchen ausgeschnitten. Die ganz dünnen, kurzen *tagliolini fini* schneidet Marquard mit einem scharfen Messer: Ein Teigblatt vierfach zusammenfalten, ganz dünne Scheiben abschneiden und die Nudeln vorsichtig aufrollen.

Kraken-Bolognese

Zutaten:

4 Essl. Olivenöl, 1 gewürfelte Zwiebel, 2 angedrückte Knoblauchzehen, 3 Thymianzweige, 200 g durch den Fleischwolf gedrehter Kalbsrücken, Salz, Pfeffer aus der Mühle, Zucker, 1 Prise Paprikapulver, 0,25 l Weißwein, 1 kg grob geschnittene Tomaten, 2 Chilischoten (in Ringe geschnitten), 200 g gewürfeltes, gekochtes Krakenfleisch (in einem Teil Wasser, einem Teil Wein mit Lorbeer, Sternanis und Korken), 1 kleines Bund Schnittlauch (in Röllchen geschnitten)

Zubereitung:

Olivenöl in einem Topf erhitzen. Zwiebeln mit Thymian und Knoblauch darin anschwitzen. Kalbfleisch dazugeben und mit anschwitzen. Mit Salz, Pfeffer, Zucker und Paprika würzen. Weißwein angießen und ganz einkochen. Die Tomaten dazugeben. Alles auf ein Drittel einkochen, bis die Sauce Bindung hat. Chili dazugeben und abschmecken. Knoblauch und Thymian herausnehmen, Krakenfleisch zufügen und den Schnittlauch einstreuen.

«Nudeln müssen schwimmen – im großen Topf mit viel Salzwasser»

Zucchini-Tapenade

Zutaten:

400 g Zucchini, Salz, Pfeffer, Zucker, Saft von 1/2 Zitrone, 0,125 l Olivenöl, 80 g geriebener Parmesan

Zubereitung::

Zucchini in grobe Würfel schneiden und in der Küchenmaschine feinkörnig mixen. Mit Salz, Pfeffer, Zucker und Zitronensaft abschmecken. Olivenöl dazugeben und Parmesan unterrühren.

Scampi-Vanille-Peperonata

Zutaten:

2 gelbe Paprika (gehäutet, entkernt und gewürfelt), 1–2 Essl. Noilly Prat, 0,125 l Weißwein, 0,25 l kräftiger Geflügelfond, Mark von 4 Vanilleschoten, Salz, Pfeffer, Zucker, 2 Essl. Olivenöl, 1 gewürfelte rote Paprikaschote, 2 kleine Thymianzweige, 2 angedrückte Knoblauchzehen, 8 klein geschnittene Scampi, 1/2 Teel. gemahlener Koriander, 1 Teel. gehackter Estragon

Zubereitung:

In einem Topf Noilly Prat reduzieren und mit Weißwein ablöschen. Fast ganz einkochen. Geflügelfond angießen, Vanillemark und gelbe Paprika dazugeben. Aufkochen und mit dem Stabmixer pürieren. Mit Salz, Pfeffer und Zucker abschmecken. Olivenöl erhitzen. Rote Paprika darin mit Thymian und Knoblauch anbraten. Salzen, pfeffern und zuckern. Die Scampi mit Salz, Pfeffer und Koriander würzen, kurz mit anschwitzen. Estragon dazugeben, Knoblauch und Thymian heraus nehmen. Rote Paprikamasse mit dem gelben Paprika-Vanille-Püree mischen.

Klassische Küche

Lust auf herzhafte Küche? Als Schmankerl serviert Stefan Marquard Rinderkraftbrühe, Schweinebraten und gefüllten Ochsenschwanz. Dazu passen bodenständige Begleiter: Klöße, Spätzle, Schupfnudeln

5

Tafelspitzsülze

mit Gemüsespaghetti und Schnittlauchschmand

Zutaten

Sülze:

1 Tafelspitz mit Fettschicht (etwa 650 g), Salz, Pfeffer aus der Mühle, 1 Essl. Pflanzenöl, 2 l kaltes Wasser, 2 Gewürznelken, 1 Lorbeerblatt, 3 Pimentkörner, 5 zerdrückte Wacholderbeeren, 1 Thymianzweig, 2 angeröstete, halbierte Zwiebeln, 1 Bund Suppengrün, Zucker, 1/2 gelber Zucchino, 1/2 Salatgurke, 1/2 Karotte (alle Gemüse in Streifen geschnitten), 10 Blätter eingeweichte, ausgedrückte Gelatine, 1 Bund Schnittlauch (in Röllchen geschnitten) Petersilienzweige als Garnitur

Gemüsespaghetti:

1/2 gelber Zucchino, 1/2 grüner Zucchino, 1/2 Karotte (alle Gemüse in feine Streifen geschnitten), 2 Essl. Pflanzenöl, 5 Essl. Traubenkernöl, 2 Essl. Sherryessig, Salz, Pfeffer aus der Mühle, 1 Prise Zucker, 1 gewürfelte Schalotte, 1 Teel. Senf, 1 Teel. geriebener Meerrettich

Schmand:

0,25 l Schmand, Salz, Pfeffer aus der Mühle, 1 Prise Zucker, 50 g Schnittlauch (in Röllchen geschnitten), 1 Essl. Noilly Prat, frisch geriebener Meerrettich nach Belieben

Sülze herstellen:

Zunächst ein paar Esslöffel Fond in eine mit Klarsichtfolie ausgelegte Form geben. Darauf abwechselnd Schnittlauchröllchen, blanchierte Gemüsestreifen und in dünne Scheiben geschnittenen Tafelspitz übereinander schichten, bis die Form gefüllt ist. Gemüse- und Fleischscheiben jeweils mit Fond begießen (oder die Scheiben leicht andrücken, dann schwappt Fond darüber). Sülze im Kühlschrank fest werden lassen. Zum Schneiden noch einmal straff in Klarsichtfolie wickeln. Ein Sägemesser unter heißem Wasser anwärmen und die Scheiben mitsamt der Folie abschneiden. Dann die Folie abziehen.

Für 4 Personen

Schwierigkeitsgrad: mittelschwer

Zubereitungszeit: 3–4 Stunden plus Gelierzeit

Tafelspitzsülze:

Tafelspitz salzen, pfeffern. In 1 Essl. Pflanzenöl rundum anbraten. In einen großen Topf legen, Wasser angießen und zum Kochen bringen. Abschäumen. Nelke, Lorbeer, Piment, Wacholder, Thymian, Zwiebeln und Suppengrün zufügen. Hitze herunterschalten. Mit halb aufgelegtem Topfdeckel etwa 3 1/2 Stunden köcheln lassen. Fleisch herausnehmen und abkühlen lassen. In dünne Scheiben schneiden. Tafelspitzfond auf 0,75 l einkochen. Mit Zucker, Salz und Pfeffer abschmecken. Zucchino, Gurke und Karotte etwa 3 Minuten im Fond garen. Fond durch ein Sieb gießen und bei Bedarf klären (siehe Seite 57). Gemüse aufbewahren. 2 Essl. Fond abnehmen und beiseite stellen. Gelatine in den restlichen Fond einrühren. Im Kühlschrank leicht gelieren lassen. Eine Form mit Klarsichtfolie auskleiden. Wenn der Fond halbfest ist, einige Esslöffel davon in die Form geben und glatt streichen. Gemüse, Fond und Fleisch abwechselnd schichten (Foto links). Dann kalt stellen, bis die Sülze fest ist. Danach in Scheiben schneiden (siehe Tipp links).

Gemüsespaghetti:

Zucchini- und Karottenstreifen in 2 Essl. Pflanzenöl kurz anbraten. Beiseite stellen. Essig mit Traubenkernöl, dem zurückbehaltenen Tafelspitzfond, Salz, Pfeffer und Zucker zu einer Vinaigrette verrühren. Schalotte, Senf und Meerrettich einrühren. Gemüsestreifen durchschwenken.

Schnittlauchschmand:

Schmand mit Salz, Pfeffer, Zucker und Schnittlauch verrühren. Mit Noilly Prat abschmecken.

Anrichten:

Jeweils eine Scheibe Sülze auf Teller stellen, mit Gemüsespaghetti belegen. Mit einem Klacks Schmand und etwas Petersilie servieren.

Weintipp:

o 1997er Godramsteiner Münzberg Muskateller Spätlese trocken, Rebholz, Siebeldingen, Pfalz

oo 1996er Pinot blanc, Marcel Deiss, Bergheim, Elsass, Frankreich

Rustikale Rinderkraftbrühe mit Klößchen und Flädle

«Die klassische Hausfrauenküche ist für mich heute noch die Mutter aller Küchen.»

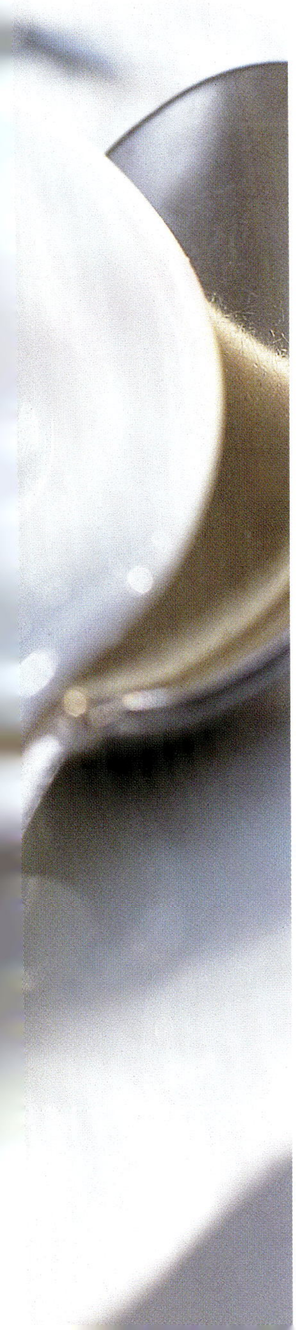

Zutaten Rinderkraftbrühe:

1 Essl. Pflanzenöl,
1 kg Rinderknochen,
1 Karotte (50 g),
1 kleine Stange Lauch,
¼ Knolle Sellerie,
2 geröstete, halbierte Zwiebeln,
1 Nelke, ¼ Muskatnuss,
2–3 Pimentkörner,
1 Lorbeerblatt,
5 Pfefferkörner,
1–2 Essl. Cognac,
1 Prise Zucker, Salz,
Schnittlauchröllchen

Für 4 Personen
Schwierigkeitsgrad: leicht
Zubereitungszeit: 3–4 Stunden

Rinderbrühe:

Ofen auf 250 Grad vorheizen. Backblech einölen und Knochen darauf legen. Im Ofen 30–40 Minuten rösten. Knochen in einen Topf geben. Mit Wasser bedecken, aufkochen und abschäumen. Suppengrün, Gewürze und Cognac hinzufügen. 3–4 Stunden sieden lassen. Zum Schluss die Klößchen in der Brühe garen. Herausnehmen. Die Brühe durch ein Tuch laufen lassen und abschmecken. Alle drei Einlagen (siehe unten) vor dem Servieren in der Brühe erwärmen.

Klößchen und Flädle:

Marquards Rezepte für Leberklößchen, Markklößchen und Flädle finden Sie auf Seite 122.

Anrichten:

Die Rinderkraftbrühe mit Einlagen in tiefe Teller verteilen und mit Schnittlauchröllchen bestreuen

Weintipp:

o 1998er Pfortenser Köppelberg Silvaner Qualitätswein trocken, Lützkendorf, Bad Kösen, Saale-Unstrut
o o Don Nuño Sherry dry Oloroso Solera Reserva, Emilio Lustau, Jerez, Spanien

Salat von gebratenen Semmelknödeln

mit Poulardenbrust und karamellisierter Keule

Für 4 Personen
Schwierigkeitsgrad: mittelschwer
Zubereitungszeit: 1 Stunde

Zutaten:

3 Essl. Olivenöl, 1 angedrückte Knoblauchzehe, 1 kleiner Rosmarinzweig, 1 kleiner Thymianzweig, 2 rote Zwiebeln (in dünne Ringe geschnitten), 4 Semmelknödel (je 100 g, Rezept Seite 123), 3 Essl. weißer Aceto balsamico, 1 Msp. Senf, 2–3 Essl. Geflügelfond, 2–3 Essl. Traubenkernöl, 2 Essl. geschnittene glatte Petersilie, Salz, Pfeffer aus der Mühle, Zucker, 1 Poularde, 6–8 Rucolablätter, 4 Essl. Pflanzenöl, 1 Essl. Butter, glatte Petersilie als Garnitur

Semmelknödel-Salat:

Olivenöl in einer Pfanne erhitzen. Knoblauch, Rosmarin, Thymian und Zwiebeln darin anbraten. Semmelknödel in Scheiben, dann in dreieckige Stücke schneiden und mitbraten. Mit 1½ Essl. weißem Aceto balsamico ablöschen. Senf, Geflügelfond und Traubenkernöl zufügen. Mit 1 Essl. Petersilie, Salz, Pfeffer und 1 Prise Zucker abschmecken. Durchschwenken, kurz ziehen lassen. Kräuter herausnehmen.

Poulardenbrust:

Ofen auf 180 Grad vorheizen. Poularde zerlegen, die Brustfilets am Knochen lassen. Rucolablätter unter die Haut schieben. Salzen, pfeffern. 2 Essl. Pflanzenöl in einer Pfanne erhitzen. Poulardenbrust auf der Hautseite goldgelb anbraten. Dann 8–10 Minuten im Ofen garen. Herausnehmen, die Filets vom Knochen lösen und auf der Fleischseite in der Pfanne etwa 1½ Minuten nachbraten.

Karamellisierte Keule:

Poulardenkeulen entbeinen, in je 6 Stücke schneiden, salzen und pfeffern. In 2 Essl. Pflanzenöl und 1 Essl. Butter auf der Hautseite 4 Minuten braten, auf der Fleischseite etwa 2 Minuten. Fett abgießen und die Fleischstücke mit Zucker karamellisieren (Foto unten). Mit 1½ Essl. weißem Aceto balsamico ablöschen und mit der restlichen geschnittenen Petersilie bestreuen.

Anrichten:

Semmelknödelsalat auf Teller verteilen. Poulardenbrüste in Stücke schneiden und zusammen mit den Keulenstücken auf den Salat legen. Mit Petersilie garnieren.

Weintipp:

∘ 1998er Ludwigshöher Teufelskopf Silvaner Kabinett trocken, Brüder Dr. Becker, Ludwigshöhe, Rheinhessen
∘∘ 1998er Burkheimer Feuerberg Weißer Burgunder Spätlese trocken, Bercher, Vogtsburg-Burkheim, Kaiserstuhl, Baden

Karamellisieren:

In der heißen Pfanne brät Marquard die gewürzten Keulenstücke zuerst scharf und knusprig an. Dann streut er einen Teelöffel Zucker in die Pfanne und schwenkt das Poulardenfleisch darin. Wenn der Zucker schmilzt, wird das Fleisch mit einer süßen Kruste überzogen. Zum Schluss mit Aceto balsamico ablöschen und mit Petersilie bestreuen.

«Schupfnudeln, Spätzle und Klöße – hab' ich alles als Junge gelernt.»

Gebratener Feldsalat
mit Kalbsbries und Krautschupfnudeln

Für 4 Personen

Schwierigkeitsgrad: leicht

Zubereitungszeit: 1 Stunde

Krautschupfnudeln:

Schmalz und Speckschwarte in einem Topf erhitzen. 1 Essl. Zwiebelwürfel dazugeben und anschwitzen. Sauerkraut zufügen, mit Salz, Pfeffer und Zucker würzen. Lorbeerblätter und Gewürzbeutel einlegen. Wein angießen. Topf schließen und den Weißwein einkochen. Sauerkraut danach knapp mit Wasser bedecken, etwa 30 Minuten kochen. Gelegentlich umrühren. 2 Essl. Pflanzenöl in einer Kasserolle erhitzen, Speckwürfel darin anbraten. Schupfnudeln dazugeben. Sauerkraut zufügen, mit Salz und Pfeffer abschmecken. Warm halten. Gewürzbeutel herausnehmen.

Kalbsbries:

Kalbsbries in etwa 2 cm dicke Scheiben schneiden. Würzen, mehlieren und in 2–3 Essl. Pflanzenöl mit Rosmarin, Knoblauch, 1 Essl. Butter und Petersilie braten (Foto unten).

Gebratener Feldsalat:

1 Essl. Butter in einer Pfanne erhitzen. 1 Essl. Zwiebelwürfel darin leicht bräunen. Mit 1 Prise Zucker bestreuen. Feldsalat zufügen (einige Blätter als Garnitur zurückbehalten) und kurz braten, bis er zusammenfällt. Salzen, pfeffern und mit 1 Essl. weißem Aceto balsamico ablöschen.

Anrichten:

Auf jeden Teller ein Bett aus gebratenem Feldsalat setzen, darauf eine Scheibe Bries und Krautschupfnudeln legen. Mit Feldsalatblättchen garnieren.

Weintipp:

∘ 1998er Riesling Qualitätswein trocken, Toni Jost-Hahnenhof, Bacharach, Mittelrhein

∘∘ 1997er Clos Saint Philibert Hautes Côtes de Nuits blanc, Domaines Méo-Camuzet, Vosne-Romanée, Burgund, Frankreich

Zutaten:

1 Essl. Schweineschmalz, 1 Stück Speckschwarte, 2 Essl. gewürfelte Zwiebel, 100 g Sauerkraut, Salz, Pfeffer aus der Mühle, Zucker, 2 Lorbeerblätter, 1 Gewürzbeutel mit zerstoßenen Gewürzen (1 Nelke, 5 Wacholderbeeren, 10 Pfefferkörner, 1 Essl. Senfkörner), 0,25 l Weißwein, 5 Essl. Pflanzenöl, 20 g gewürfelter, durchwachsener Speck, 200 g Schupfnudeln (Rezept Seite 123), 240 g pariertes, blanchiertes Kalbsbries (siehe unten), Mehl zum Bestäuben, 1 kleiner Rosmarinzweig, 1 angedrückte Knoblauchzehe, 2 Essl. Butter, 1 Essl. fein geschnittene glatte Petersilie, 240 g geputzter Feldsalat, 1 Essl. weißer Aceto balsamico

Kalbsbries:

Kalbsbries abwaschen und mit einer Spickzwiebel (einer ganzen, geschälten Zwiebel, gespickt mit Gewürznelken und Lorbeer) sowie einem Schuss Weißwein in siedendes Salzwasser legen. Bries nach 12–15 Minuten abschrecken, die Häute entfernen. In 2 cm dicke Scheiben schneiden, salzen, pfeffern und mehlieren. In Pflanzenöl von beiden Seiten 1 ½ Minuten goldgelb anbraten. Rosmarin, Knoblauch, 1 Essl. Butter und 1 Essl. Petersilie hinzufügen. Briesscheiben nochmals etwa 1½ Minuten von jeder Seite braten, dabei immer wieder mit der Butter begießen.

Spätzle, Schweinebraten und Rouladen sind Stefan Marquard seit seiner Jugend vertraut. Im Nürnberger „Landgasthof Rottner“ hat er als junger Koch gelernt, süddeutsche Schmankerl zu veredeln. Was beim Fotoshooting vom Schweinebraten übrig bleibt, serviert Marquard gern als Crossover-Snack: bayerische Einlage in einer chinesischen Nudelsuppe.

Zutaten:

5 Essl. Butter, 400 g küchenfertige Kutteln (in Streifen geschnitten), 300 g gewürfelte Zwiebeln, 0,25 l Weißwein, 0,5 l Geflügelfond, 2 Essl. fein gehackte, glatte Petersilie, 0,25 l Champagner, Salz, Pfeffer aus der Mühle, Zucker, 1 Teel. gehackter Estragon, 1 Prise Cayennepfeffer, 400 g geschälte, gekochte Kartoffeln (in Scheiben geschnitten), 1 Essl. Schweineschmalz, 2 angedrückte Knoblauchzehen, 2 Teel. gehackter Thymian, 2 Teel. gehackter Majoran, 480 g Zanderfilet mit Haut, 1 Msp. gemahlener Koriander, 1 kleiner Rosmarinzweig, 150 g Blutwurst (in 1,5 cm dicke Scheiben geschnitten), gemischte frische Kräuter für die Dekoration

Für 4 Personen

Schwierigkeitsgrad: mittelschwer

Zubereitungszeit: $1\frac{1}{2}$ Stunden

Champagnerkutteln:

Butter erhitzen, Kutteln darin anschwitzen, 50 g Zwiebelwürfel zufügen, mit anschwitzen. Mit Weißwein ablöschen, einkochen. Geflügelfond angießen, fast ganz einkochen. 1 Essl. Petersilie dazugeben. Kurz vor dem Anrichten Champagner angießen. Mit Salz, Pfeffer, Zucker, 1 Teel. Estragon und Cayennepfeffer abschmecken.

Bratkartoffeln:

Schweineschmalz in einer Pfanne erhitzen. Kartoffeln darin mit den restlichen Zwiebeln, 1 Knoblauchzehe und 1 Teel. gehacktem Thymian braten. Mit Salz und Pfeffer würzen. Kurz vor dem Servieren 1 Essl. Butter, 1 Essl. gehackte Petersilie und 1 Teel. gehackten Majoran zufügen.

Zander mit Blutwurst:

Fischfilet auf der Hautseite mehrmals einschneiden. Mit Salz, Pfeffer und Koriander würzen. 3 Essl. Butter in einer Pfanne erhitzen. Zander mit der Hautseite nach unten hineinlegen und goldgelb anbraten. Wenden. Rosmarin, Knoblauch und Blutwurst dazugeben. 1 Teel. Majoran zufügen. Zander mit der geschmolzenen Butter begießen.

Anrichten:

Kutteln auf Teller verteilen. Mit Zanderfilets und Bratkartoffeln belegen. Mit Kräutern garnieren.

Weintipp:

∘ 1997er Vom Stein Riesling Federspiel, Nikolaihof, Mautern, Wachau, Österreich

∘∘ 1998er Hochheimer Hölle Riesling Spätlese trocken, Franz Künstler, Hochheim, Rheingau

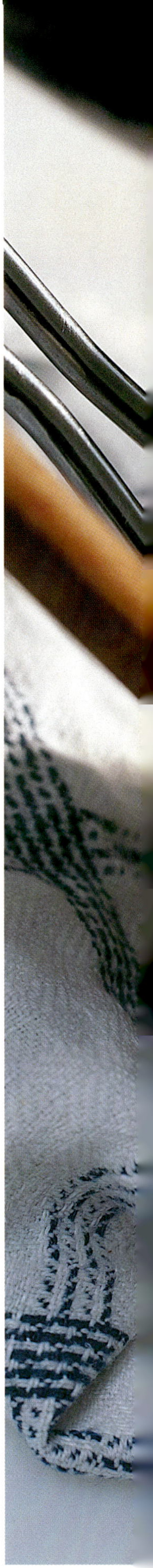

Champagnerkutteln mit gebratenem Zanderfilet und Blutwurst

Mit Käsespätzle gefüllter Ochsenschwanz auf gebratenen Steinpilzen

Für 4 Personen

Schwierigkeitsgrad: mittelschwer

Zubereitungszeit: 2 Stunden

Ochsenschwanz:

Ofen auf 180 Grad vorheizen. Ochsenschwanz salzen, pfeffern und mehlieren (Foto rechts). In einem Bräter in 2 Essl. Pflanzenöl scharf anbraten. Karotten, Sellerie, Knoblauch, 5 Essl. Zwiebelwürfel, Thymian und Rosmarin zufügen. 1 l Rotwein angießen. Ganz einkochen. Salzen, pfeffern. Mit 1 l Rinderbrühe bedecken, Lorbeerblätter einlegen, etwa $2\frac{1}{2}$ Stunden im offenen Bräter im Ofen schmoren. Danach herausnehmen und das Fleisch vom Knochen lösen. Knochen wieder in den Fond geben. 30 Minuten köcheln lassen. Knochen herausnehmen. Zucker in einem Topf karamellisieren, mit 1 Essl. Aceto balsamico ablöschen. Fleischfond durch ein Sieb hineinpassieren. Aufkochen, abschmecken. Fleisch salzen, pfeffern. Mit 1 Essl. Aceto balsamico abschmecken.
In einer Pfanne 1 Essl. Butter schmelzen und 1 Essl. Zwiebelwürfel darin anschwitzen. Mit Spätzle, der restlichen Rinderbrühe (5–6 Essl.) und Käse mischen. In eine ofenfeste Form geben. Bei 180 Grad etwa 30 Minuten backen, mit runden Förmchen von 4 cm Durchmesser ausstechen. Schweinenetze ausbreiten, Spätzle darauf legen und die Fleischstücke rundherum andrücken. Schweinenetz fest einschlagen. Bei 180 Grad im Ofen etwa 10–15 Minuten braten.

Steinpilze:

Olivenöl erhitzen, Steinpilze darin mit Knoblauch, Rosmarin und Thymian anbraten. Mit Salz und Pfeffer würzen. Butter und Petersilie zufügen und durchschwenken.

Anrichten:

Ochsenschwanzpäckchen auf Teller verteilen und mit Pilzen umlegen. Sauce extra reichen.

Weintipp:

- 1997er St. Laurent, Umathum, Frauenkirchen, Neusiedler See, Österreich
- •• 1996er Les Gravières Santenay rouge 1er cru, Domaine Vincent Girardin, Santenay, Burgund, Frankreich

Zutaten:

Ochsenschwanz:

**1 kg Ochsenschwanzstücke, 2 Essl. Pflanzenöl, 1 gewürfelte Karotte (70 g),
1 Essl. gewürfelter Knollensellerie,
4 angedrückte Knoblauchzehen, 3 gewürfelte, große Zwiebeln,
1 Thymianzweig,
1 Rosmarinzweig,
1 l Rotwein, Salz, Pfeffer aus der Mühle,
1,1 l Rinderbrühe,
2 Lorbeerblätter,
1 Essl. Zucker,
2 Essl. Aceto balsamico,
1 Essl. Butter,
400 g frische Spätzle (Rezept Seite 123),
50 g geriebener Bergkäse, 200 g gewässertes, ausgedrücktes Schweinenetz (in vier 30x30 cm große Stücke geschnitten), glatte Petersilie als Garnitur**

Steinpilze:

**2 Essl. Olivenöl,
600 g grob geschnittene Steinpilze, 1 angedrückte Knoblauchzehe, 1 kleiner Rosmarinzweig,
1 Thymianzweig, Salz, Pfeffer, 1 Essl. Butter,
1 Essl. Petersilie**

Ochsenschwanz vorbereiten:

Stücke vom Ochsenschwanz auf einen Teller stellen, salzen und pfeffern. Einen Teller darauf legen, alles in einem Rutsch umdrehen und die andere Seite würzen. Ochsenschwanzstücke danach in Mehl wälzen, anbraten und schmoren (siehe Rezept). Danach das Fleisch von den Knochen lösen – das geht am besten, solange es noch warm ist.

«Kleiner Tipp: Ochsenschwanz vorm Zubereiten drei Tage in Rotwein einlegen. So wird das Fleisch schön zart und aromatisch.»

Schweinebraten mit Kloßschlupfer und Gurkensalat

Kloßschlupfer:
Der omelettartige, dicke Pfannkuchen ähnelt einer spanischen Tortilla. Einen Schlupfer kann man gut aus übrig gebliebenen Kartoffeln oder Klößen vom Vortag backen.

Zutaten:

1 kg ausgelöste Schweineschulter mit Schwarte, Salz, Pfeffer aus der Mühle, 1 Teel. Kümmel, 1 Essl. Pflanzenöl, 0,5 l Dunkelbier (kein Pils), 2 Zwiebeln, 1 gewürfelte Zwiebel, 1 Knoblauchzehe, 1 Majoranzweig, 1 Thymianzweig, etwa 0,5 l Wasser, 1 Essl. Honig, 1 Bund Dill, 1 Teel. fein geschnittener Majoran, Zucker, 2 Essl. Butter, 50 g gewürfelter, durchwachsener Speck, 100 g Croûtons, 1 Essl. fein geschnittene, glatte Petersilie, 6 Kartoffelklöße (je 100 g, Rezept Seite 123), 2 ganze Eier, 4 Eigelb, 0,25 l Milch, frisch geriebener Muskat, 1 Salatgurke, 0,25 l Joghurt, 2 Essl. Weißweinessig

Für 4 Personen

Schwierigkeitsgrad: leicht
Zubereitungszeit: 3 1/2 Stunden

Schweinebraten:

Backofen auf 180 Grad vorheizen. Schwarte kreuzweise einschneiden (Foto unten). Fleisch mit Salz, Pfeffer und Kümmel würzen. Boden eines Bräters mit Pflanzenöl einpinseln. Fleisch einlegen. 1 Stunde im Ofen braten, dabei immer wieder mit Bier begießen. Ofen auf 150 Grad herunterschalten. Nach weiteren 30 Minuten 2 Zwiebeln halbieren und in den Bräter legen. Knoblauch, Majoran und Thymian dazugeben. Etwa 0,5 l Wasser angießen. 1–1 1/2 Stunden weiterbraten, in den letzten 30 Minuten mit Honig bepinseln. Fleisch herausnehmen, warm halten. Kurz vor dem Servieren aufschneiden. Bratensaft in einen Topf gießen.1 Zweig Dill und falls nötig etwas Wasser zufügen. Aufkochen, 2–3 Minuten kochen lassen. Durch ein Sieb gießen, mit Majoran, Salz, Pfeffer und 1 Prise Zucker abschmecken.

Kloßschlupfer:

Butter in einer ofenfesten Pfanne zerlassen. Speck und Croûtons zufügen. Gewürfelte Zwiebel darin anschwitzen. Salzen, pfeffern, 1/2 Essl. Petersilie dazugeben. Kartoffelklöße in Scheiben schneiden, durchschwenken. Im Wasserbad Eier und Eigelb schaumig schlagen. Milch aufkochen, langsam in die Eier rühren, bis die Masse dicklich ist. Mit Salz, Pfeffer, Muskat und 1/2 Essl. Petersilie würzen. Über die Kloßscheiben gießen. Die Masse im 180 Grad heißen Ofen 20–25 Minuten backen.

Gurkensalat:

Gurke in hauchdünne Scheiben schneiden. Salzen, 20 Minuten stehen lassen. Salz abspülen, Gurkenscheiben trocken tupfen. Mit Joghurt in eine Schüssel geben. Mit Essig, Salz, Pfeffer und Zucker abschmecken. Restlichen Dill hacken, nach Geschmack unterrühren.

Anrichten:

Jeweils eine Scheibe Schweinebraten auf Teller verteilen, ein Stück Schlupfer und Gurkensalat daneben legen. Sauce extra reichen.

Weintipp:

o 1998er Iphöfer Mönchshütte Müller- Thurgau Qualitätswein trocken, Hans Wirsching, Iphofen, Franken

o o 1997er Grauburgunder trocken (Barrique), Schlossgut Diel, Burg Layen, Nahe

Die Schwarte:
Vor dem Einschneiden der Schwarte den Braten mit der Schwarte nach unten in einen 2 cm hoch mit Wasser gefüllten Bräter legen und 10 Minuten ankochen. So wird die Schwarte weich und lässt sich kinderleicht kreuzweise einschneiden. Den Braten nicht auf der Schwarte anbraten. „Das macht sie glibberig", sagt Marquard, „knusprig wird die Schwarte allein durch die Oberhitze im Ofen."

Zutaten:

200 g weiche Butter, 290 g Zucker, 1 Essl. Mehl, 1 Teel. Maisstärke, 6 Eiweiß, 6 Eigelb, 150 g „Rumfort“ (was ‘rumliegt und fort muß: Schokoriegel, Kekse, Nüsse, Kuchenbrösel), Puderzucker zum Bestäuben, 0,5 l Portwein, 1 Sternanis, 4 aufgeschnittene Vanilleschoten, 1–2 Essl. Himbeergeist, 1–2 Essl. Cassis-Schnaps, 400 g gemischte Beeren, Saft von 2 Zitronen, 0,25 l Schmand, Minzeblättchen für die Dekoration

Für 4 Personen

Schwierigkeitsgrad: mittelschwer

Zubereitungszeit: 1 Stunde

Zubereitung:

Ofen auf 200 Grad vorheizen (bei getrennt regelbarer Hitze auf 180 Grad Oberhitze und 220-250 Grad Unterhitze). 150 g Butter mit 100 g Zucker schaumig schlagen. Mehl und Stärke unterrühren. Nach und nach Eigelbe zugeben. „Rumfort“ klein hacken, einrühren. Eiweiß mit 10 g Zucker steifschlagen, unterheben. Porzellanförmchen mit Butter einfetten und mit Kuchen- oder Semmelbröseln betreuen. Masse einfüllen. Im Wasserbad etwa 25 Minuten backen. So klappt’s am besten: Wasser aufkochen und in ein tiefes Backblech (Fettpfanne) gießen. Ein Küchentuch hineinlegen und die Förmchen darauf stellen.

Beerensalat:

In einem Topf 50 g Zucker karamellisieren. Mit Rotwein ablöschen. Sternanis und 1 Vanilleschote zufügen. Fast ganz einkochen. Himbeergeist und Cassis angießen. Alles durch ein Sieb geben, kalt stellen. Beeren darin schwenken.

Vanilleschmand:

Zitronensaft mit 180 g Zucker und 3 Vanilleschoten aufkochen, durch ein Sieb gießen, mit Schmand verrühren.

Anrichten:

Soufflé mit Puderzucker bestäuben. In der Form auf Teller stellen. Beerensalat und einen Klacks Vanilleschmand daneben setzen. Mit Minze garnieren. Soufflé sofort servieren!

Weintipp:

∘ 1995er Rivesaltes Vin Doux Naturel, Domaine Cazes, Rivesaltes, Languedoc-Roussillon, Frankreich

∘∘ 1994er Port LBV (late bottled vintage), Niepoort, Vila Nova de Gaia, Portugal

«Damit das Soufflé nicht sofort zusammenfällt: bis zum Schluss die Ofentür geschlossen lassen!»

„Rumfort"-Soufflé mit Beerensalat und Vanilleschmand

Beilagen

Deftige Partner: Flädle, Spätzle, Knödel und feine Klößchen

Kräuterflädle (1):

1 Tasse Mehl, 1 Tasse Eier, 1 Tasse Milch, Muskat, Salz, Pfeffer und 1 Essl. gehackte glatte Petersilie verquirlen. Pfanne mit Butter einfetten, darin dünne Pfannkuchen backen. Aufrollen und in dünne Streifen schneiden (Foto links).

Leberklößchen (2):

100 g Schweinefleisch und 100 g Schweineleber salzen, pfeffern, mit einer grob gewürfelten, angebratenen Zwiebel mischen und durch den Fleischwolf drehen (Foto unten). Mit 40 g Paniermehl und 2 Eiern vermischen. Mit Salz, Pfeffer, Muskat und Schnittlauch würzen.

Mit einem Teelöffel etwas Masse abstechen, mit einem zweiten Löffel ein rundes Klößchen formen (Foto oben). Die Klößchen etwa 5 Minuten in Salzwasser mit einem Lorbeerblatt ziehen lassen.

Markklößchen (3):

Markknochen in beide Hände nehmen, mit den Daumen das Mark herausdrücken und drei Stunden wässern. Eine Masse aus einem Teil Weißbrot ohne Rinde und einem Teil Eigelb im Mixer pürieren. Die Zutaten sollten eiskalt sein, sonst gerinnen sie durch die Reibungshitze im Mixer. Mit Salz, Muskat und gehackter Petersilie würzen. Etwa 2 cm dicke Kugeln formen und 10–12 Minuten in Wasser (knapp unterm Siedepunkt) gar ziehen lassen.

Kartoffelklöße:

Mehlig kochende Kartoffeln weich kochen, pellen und im Ofen ausdämpfen. Für die Füllung Weißbrotwürfel rösten. Kartoffeln durch die Presse drücken, mit Muskat und Salz würzen und mit einem Holzlöffel glatt rühren. Auf ein Kilo Kartoffeln ein Ei unterziehen. Marquard verknetet die Kartoffeln, solange sie noch warm sind. Nach und nach ein paar Essl. Stärke zufügen und kneten, bis der Teig sich vom Schüsselboden und den Händen löst. Einen Kloß rollen und platt drücken. Eine Mulde hinein drücken, mit gerösteten Weißbrotwürfeln füllen, verschließen und mit trockenen Händen rund rollen. Klöße mit einer Drehbewegung vorsichtig ins Wasser legen (nicht plumpsen lassen!) und etwa 20 Minuten kochen.

Semmelknödel:

Mittelgroße Speck- und Zwiebelwürfel anschwitzen. In einer zweiten Pfanne Butter, Knoblauchzehen, Thymianzweige und Brotwürfel bräunen. Alles zusammen in eine Schüssel geben. Heiße Milch mit Muskat würzen und dazugießen. Komplett auskühlen lassen, dann Eier unterheben (Marquards Faustregel: auf 300 g Masse ein Ei). Knödel formen und etwa 20 Minuten in Salzwasser garen.

Schupfnudeln:

Aus warmem Kartoffelteig (siehe oben, Teig wie für Kartoffelklöße) eine dünne Rolle formen, etwa 3 cm lange Stücke schräg abschneiden und mit der Hand auf einem mehlbestäubten Holzbrett in Form rollen. Blanchieren und in Butter mit Knoblauch, Rosmarin und Thymian braten. Zum Schluss mit frischen, gehackten Kräutern bestreuen.

Spätzle:

4 Eier und 5 Eigelb, Salz und Muskat mit dem Schneebesen anschlagen und 10 Minuten stehen lassen. „So bekommen die Spätzle eine satte Farbe." 500 g 405er Mehl dazugeben und den Teig in einer Schüssel mit der Hand so lange kräftig umrühren (schlagen), bis er Blasen wirft. Der Teig muss immer zäh bleiben. Einen Topf randvoll mit Wasser füllen, zum Kochen bringen und salzen. Das Spätzlebrett im Wasser anfeuchten. Einen Essl. Teig aufs Spätzlebrett geben, mit der Palette verteilen und über die Kante abschaben. Nach jedem Schaben das Spätzlebrett kurz ins Kochwasser tauchen. Die Spätzle abschrecken und in einer Pfanne mit Butter anschwitzen.

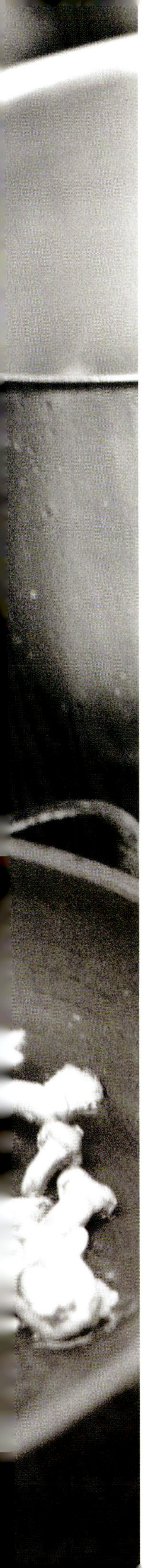

6

Exotische Zutaten aus dem Asienladen setzt Marquard ganz unbekümmert ein – für Crossover-Ideen mit Dim Sum, rohem Fisch und Tandoori. Extra: Asia-Snacks

Asiatische Küche

Für 4 Personen
Schwierigkeitsgrad: mittelschwer
Zubereitungszeit: 1 Stunde

Wantan:

Gewürfelte Garnelen mit Tomate und Zuckerschoten mischen. Mit Kerbel, Sojasauce, Zitrone, Salz, Pfeffer und Koriander würzen. Je einen Essl. von dieser Mischung auf Teigblätter verteilen. Mit Schnittlauchhalmen zu Säckchen zusammenbinden.

Chinakohlwickel:

Sesam, Ingwer, Zitronen- und Orangenschale, Wasabi, Zitronensaft, Sojasauce, Sesamöl und Chili in einer Schüssel mischen. Lachs darin etwa 30 Minuten marinieren. Herausnehmen, Marinade aufbewahren (für Gemüsezylinder, s.u.). Lachsstreifen mit Sojasprossen in die Kohlblätter einwickeln, mit Selleriestreifen zubinden.

Gemüsezylinder:

Gelben Zucchino in 4 Zylinder von 5 cm Höhe schneiden. Jeweils bis auf einen 0,5 cm dicken Boden aushöhlen. Die anderen Gemüse in 5 cm lange Stifte schneiden und durch die Marinade (s.o.) ziehen. Reis kochen, mit je 1 Teel. Chicken-Sauce und Hoisin-Sauce würzen. Reis in die Zucchini-Zylinder füllen und Gemüsestifte hineinstellen.

Dim Sum:

Alle Dim Sum 5–6 Minuten im Bambuskörbchen dämpfen (das geschlossene Körbchen auf einen mit kochendem Wasser gefüllten Topf stellen).

Anrichten:

Pro Person 2 Wantan, 1 Chinakohlwickel und 1 Gemüse-Zylinder im Bambuskörbchen servieren.
Restliche Saucen als Dips reichen.

Weintipp:

∘ 1998er Haardter Herrenletten Riesling Kabinett trocken, Müller-Catoir, Neustadt-Haardt, Pfalz
∘∘ 1998er Sächsischer Riesling trocken, Klaus Zimmerling, Dresden, Sachsen

Zutaten

Wantan:

8 gewürfelte, geschälte Riesengarnelen, 1 kleine gewürfelte Tomate, 50 g gewürfelte Zuckerschoten, 1/2 Teel. gehackter Kerbel, 1 Spritzer Sojasauce, Saft von 1/2 Zitrone, Salz, Pfeffer aus der Mühle, gemahlener Koriander, 8 Blätter Wantan-Teig (aus dem Asienladen), 8 blanchierte Schnittlauchhalme

Chinakohlwickel:

1 Essl. schwarzer Sesam,
1 Essl. weißer Sesam,
1 Essl. gewürfelter Ingwer,
1 Essl. gewürfelte Zitronenschale, 1 Essl. gewürfelte Orangenschale, 1 gehäufter Teel. Wasabi (japanischer grüner Meerrettich),
Saft von 1 Zitrone,
5–6 Essl. Sojasauce,
2–3 Essl. Sesamöl,
1 rote Chilischote (in Ringe geschnitten), 80 g Lachsfilet (in Streifen geschnitten), 4 große, blanchierte Chinakohlblätter,
1 Hand voll Sojasprossen,
4 Streifen Staudensellerie (auf der Aufschnittmaschine oder mit dem Sparschäler geschnitten)

Gemüsezylinder:

2 dicke gelbe Zucchini,
1 grüner Zucchino (150 g),
1 kleine Karotte (100 g),
1/2 gelbe Paprika, 1/2 rote Paprika, 4 Zuckerschoten,
1 Stange Sellerie,
3–4 Essl. Marinade (siehe Chinakohlwickel),
20 g Klebreis,
2–3 Essl. Chicken-Sauce süßsauer, 2–3 Essl. Hoisin-Sauce (beide Saucen aus dem Asienladen)

«Für scharfe Marinaden mit Chili gibt es kein festes Rezept - da muss jeder aus dem Bauch heraus dosieren»

Lachs-Sashimi

auf rohem Gemüsesalat mit kleiner Frühlingsrolle

Für 4 Personen

Schwierigkeitsgrad: mittelschwer

Zubereitungszeit: 1 Stunde

Lachs-Sashimi:

Sesam, 1 Essl. gewürfelter Ingwer, Orangen- und Zitronenschale, 5–6 Essl. Sojasauce, Zitronensaft, Wasabi, Chili und 2 Essl. Sesamöl zu einer Marinade verrühren. Lachs darin 30 Minuten marinieren.

Roher Gemüsesalat:

1 Essl. Sesamöl in einem Topf erhitzen. Kaffir-Limettenblätter, Zitronengras, Knoblauch, 3 Essl. fein gewürfelten Ingwer und Schalotte darin anbraten. Mit 2–3 Essl. Sojasauce ablöschen. Kokosmilch angießen. 10 Minuten köcheln, Currypaste dazugeben. Durch ein Sieb passieren und erkalten lassen. Gemüsestreifen in den Sud geben und etwa 30 Minuten ziehen lassen. Herausnehmen, abtropfen lassen.

Frühlingsrolle:

Seemorchel in kaltem Wasser 20 Minuten einweichen. Strunk entfernen, Seemorchel klein schneiden, in 1 Essl. Erdnussöl anbraten. Möhre und Sprossen mit anschwitzen. Mit 2 Teel. Sojasauce und Schnittlauch würzen. Teigblätter mit Eiweiß bestreichen. Mit je 1 Spinatblatt belegen. Gemüsemischung darauf verteilen. Teigblätter fest einrollen und in Erdnussöl goldgelb frittieren.

Anrichten:

Gemüsesalat auf Teller verteilen. Lachs darauf legen. Frühlingsrolle schräg aufschneiden und daneben aufstellen. Je 1/2 Essl. Hoisin-Sauce zum Dippen daneben angießen. Mit Schnittlauchstielen garnieren.

Weintipp:

o 1998er Monzinger Frühlingsplätzchen Riesling Spätlese trocken, Emrich-Schönleber, Monzingen, Nahe

o o 1998er Loibenberg Riesling Smaragd, Emmerich Knoll, Unterloiben, Wachau, Österreich

Zutaten:

1 Essl. schwarzer Sesam, 1 Essl. weißer Sesam, 4 Essl. fein gewürfelter Ingwer, 10 g fein gewürfelte Orangenschale, 10 g fein gewürfelte Zitronenschale, 0,13 l Sojasauce, Saft von 1 Zitrone, 10 g Wasabi (japanischer grüner Meerrettich), 1 kleine rote Chilischote (in Ringe geschnitten), 3 Essl. Sesamöl, 400 g Lachs (in 1,5 cm dicke Scheiben geschnitten), 6–8 Kaffir-Limettenblätter, 2 grob geschnittene Stangen Zitronengras, 4 angedrückte Knoblauchzehen, 2 gewürfelte Schalotten, 1 Dose Kokosmilch (400 ml), 1/2 Essl. grüne Currypaste (aus dem Asienladen), je 50 g Lauch, Möhre, Sellerie und Gurke (in feine Streifen geschnitten), 5 g getrocknete Seemorchel (aus dem Asienladen), Erdnussöl zum Braten und Frittieren, 2 Essl. fein gewürfelte Möhre (in feine Streifen geschnitten), 50 g Sojasprossen, 1 Teel. Schnittlauch (in Röllchen geschnitten), 1 großes Blatt Frühlingsrollenteig (in 4 Stücke geschnitten), 1 Eiweiß, 4 große blanchierte Spinatblätter, 2 Essl. Hoisin-Sauce, Schnittlauchstiele für die Garnitur

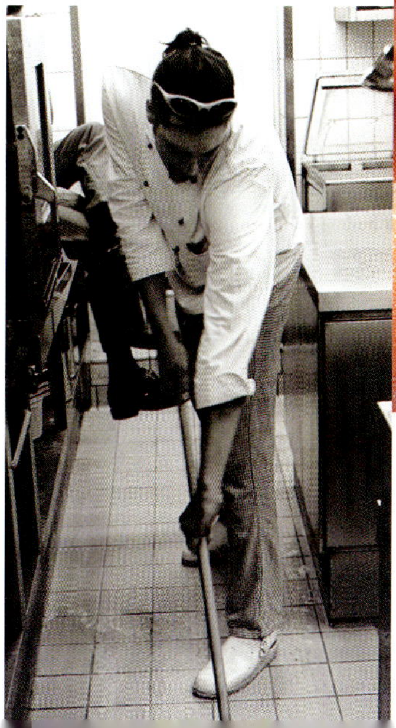

«Das nennen wir: ‚Bastelstunde mit Stefan Marquard'»

Zutaten:

200 g Tunfisch, Salz, Pfeffer aus der Mühle, 2 Essl. Tandoori-Pulver, $\frac{1}{2}$ Essl. Fünfgewürzpulver (beide Gewürzpulver aus dem Asienladen), $1\frac{1}{2}$ Teel. gemahlener Koriander, Erdnussöl zum Braten und Frittieren, 3 Essl. Sojasauce, 600 g Gemüse (gelbe und grüne Zucchini, Zuckerschoten, rote Zwiebeln, rote und gelbe Paprika, Sprossen, Maiskölbchen, Frühlingszwiebeln), $1\frac{1}{2}$ Essl. Sesamöl, 1 angedrückte Knoblauchzehe, $\frac{1}{2}$ Stange Zitronengras, 1 Essl. gewürfelter Ingwer, 3 Essl. Chicken-Sauce süßsauer, Zucker, etwa 1 Essl. mit etwas Wasser angerührtes Mondamin, 1 Teel. gehackter frischer Koriander, 4 geschälte Riesengarnelen, 200 g chinesische Eiernudeln, 1 Essl. Black Moss (aus dem Asienladen, 20 Minuten in Wasser eingeweicht), frischer Koriander als Garnitur

Für 4 Personen
Schwierigkeitsgrad: mittelschwer
Zubereitungszeit: 30 Minuten

Marinierter Tunfisch:

Tunfisch salzen, pfeffern. Tandoori-Pulver, Fünfgewürzpulver und gemahlenen Koriander mischen. Tunfisch darin wälzen. In 1 Essl. Erdnussöl von allen Seiten je 30 Sekunden anbraten. In etwa 5 mm dicke Scheiben schneiden, mit 1 Essl. Sojasauce einpinseln. Beiseite stellen.

Asiatische Gemüse:

Gemüse in kleine Stücke schneiden. 1 Essl. Sesamöl erhitzen. Gemüse mit Knoblauch, Zitronengras und Ingwer 2–3 Minuten darin anschwitzen. 2 Essl. Sojasauce und 3 Essl. Chicken Sauce unterrühren. Salz und Zucker dazugeben. Vom Herd nehmen. Für etwas Bindung Mondamin einrühren (Menge nach Bedarf). Wieder aufkochen lassen, mit frischem Koriander würzen.

Frittierte Nudelwickel:

Garnelen salzen, pfeffern, mit $\frac{1}{2}$ Teel. gemahlenem Koriander würzen. Nudeln bissfest garen. Mit $\frac{1}{2}$ Essl. Sesamöl und klein gezupftem Black Moss mischen. Nudeln um die Gambas wickeln (Foto rechts) und etwa 3–4 Minuten in Erdnussöl frittieren, bis die Nudeln goldgelb sind. Auf Küchenpapier abtropfen lassen.

Anrichten:

Gemüse auf Teller verteilen. Nudelwickel darauf stellen, Tunfisch daneben legen. Mit frischem Koriander garnieren.

Weintipp:

∘ 1998er Varidor Riesling Qualitätswein trocken, Carl Loewen, Leiwen, Mosel-Saar-Ruwer

∘∘ 1998er Rüdesheimer Berg Rottland Riesling Spätlese trocken, Josef Leitz, Rüdesheim, Rheingau

Frittierter Nudelwickel

mit mariniertem Tunfisch und asiatischen Gemüsen

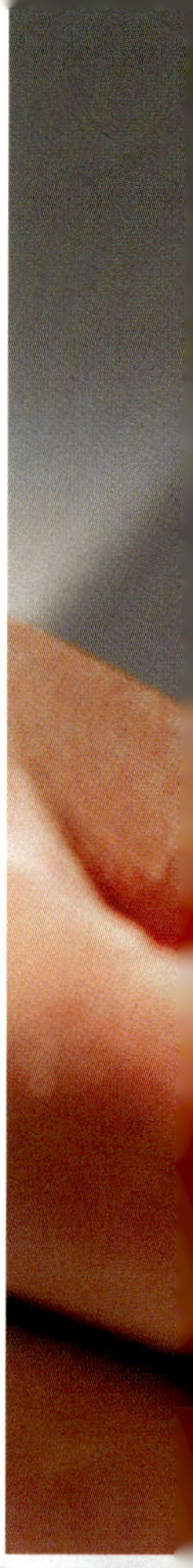

Zutaten

Tom Yam-Suppe:

2 Teel. Sesamöl, 2 gewürfelte Schalotten, 50 g grob gewürfelter Ingwer, 4 angedrückte Knoblauchzehen, 6–8 grob geschnittene Kaffir-Limettenblätter, 2 Stangen Zitronengras (in grobe Stücke geschnitten), 2–3 Essl. Sojasauce, 500 g klein gehackte Lammknochen (beim Metzger vorbestellen), 1 l Geflügelfond, 1 Teel. Tom Yam–Paste (aus dem Asienladen), 1 rote Chilischote, 400 g Schnippelbohnen, 1 kleine Möhre (in feine Streifen geschnitten), 100 g Mungobohnensprossen, Salz

Gefüllte Lammkoteletts:

50 g Basmatireis, 3 Essl. Erdnussöl, 2 Essl. fein gewürfelte rote und gelbe Paprika, 1 Essl. gemischte, gehackte Kräuter (Estragon, Petersilie, Kerbel, Basilikum), 1 Spritzer Sojasauce, 2 Teel. Chicken-Sauce süßsauer, Salz, Zucker, Pfeffer aus der Mühle, 4 sauber parierte Lammkoteletts (je 5–6 cm dick), 1 Essl. Butter, 1 Rosmarinzweig, 2 angedrückte Knoblauchzehen, $^1/_2$ Essl. fein geschnittene Petersilie, 2 Essl. gemischte, rohe Gemüsestreifen für die Garnitur

Für 4 Personen

Schwierigkeitsgrad: mittelschwer

Zubereitungszeit: $1^1/_2$ Stunden

Tom Yam–Suppe:

Sesamöl in einem Topf erhitzen. Schalotten, Ingwer, Knoblauch, Kaffir-Limettenblätter und Zitronengras darin anschwitzen. Mit Sojasauce ablöschen. Lammknochen zufügen, kurz anbraten. Mit Geflügelfond auffüllen. Tom Yam-Paste und Chilischote dazugeben. Etwa 45 Minuten leicht köcheln lassen, bis die Flüssigkeit fast auf die Hälfte eingekocht ist. Durch ein Sieb in einen anderen Topf gießen. Bohnen dazugeben, etwa 7–8 Minuten kochen. Vor dem Anrichten Möhrenstreifen und Sprossen in die Suppe geben. Mit Salz abschmecken.

Gefüllte Lammkoteletts:

Ofen auf 180 Grad vorheizen. Basmatireis kochen. 1 Essl. Erdnussöl erhitzen, Paprika darin 5 Minuten braten. Mit Reis, gehackten Kräutern, Sojasauce und Chicken-Sauce mischen. Mit Salz, Zucker und Pfeffer abschmecken. Lammkoteletts zwischen zwei Lagen Klarsichtfolie auf $^1/_2$ cm platt klopfen, salzen und pfeffern. 1 Essl. Reismischung auf jedes Kotelett setzen. Fleisch von außen zum Knochen einschlagen. 2 Essl. Erdnussöl in einem Bräter erhitzen. Fleisch zuerst auf der eingeschlagenen Seite anbraten. Wenden, andere Seite anbraten. Butter, Rosmarin, Knoblauch und Petersilie zufügen. Fleisch kurz darin auf beiden Seiten schwenken und mit der Butter begießen. Auf ein Gitter legen und im Ofen etwa 8 Minuten braten.

Anrichten:

Suppe in tiefe Teller verteilen. Gefüllte Lammkoteletts hinein legen. Mit rohen Gemüsestreifen bestreuen.

Weintipp:

• 1997er Bin 2 Shiraz–Mourvèdre, Penfolds, Nuriootpa, South Australia

•• 1997er Lytton Springs Zinfandel, Ridge Vineyards, Cupertino, Kalifornien

Tom Yam-Ansatz:

Die klassische Basis der sauer-scharfen thailändischen Suppe besteht aus Schalotten, Knoblauch, Chilischoten, Zitronengras (Marquard schlägt es mit dem Rücken eines schweren Messers an), Ingwer, Kaffir-Limettenblättern, Lauch und einer geschälten Limette – alles in Sojaöl anschwitzen.

Tom Yam-Grundrezept:

Den Suppen-Ansatz mit Weißwein ablöschen, mit Geflügelfond auffüllen und auf zwei Drittel reduzieren. Tom Yam wird traditionell mit den groben Zutaten serviert. Wer keine Chilischoten oder ganze Knoblauchzehen auf dem Löffel haben möchte, kann die Suppe durch ein Sieb geben. Seine Kreation mit Lammkoteletts und Bohnen hat Marquard „Tom Lamm" getauft. Delikate Alternative: Scampi als Einlage.

Tom Lamm

Gebackenes Kalbstatar mit gebratener Seemorchel und Glasnudelsalat

«Glasnudeln
nicht wie italienische Pasta kochen – sonst werden sie matschig»

Zutaten:

300 g Glasnudeln, 2 Essl. Erdnussöl, 200 g Gemüse (Lauch, Möhre, rote und gelbe Paprika, Gurke, Zuckerschoten, alles in feine Streifen geschnitten), 2–3 Essl. Sojasauce, 2 Teel. Reisessig, Salz, Zucker, 1 Lauchzwiebel (in Röllchen geschnitten), 1 Teel. schwarze Basilikumsamen (aus dem Asienladen), 1 Essl. Chicken-Sauce süßsauer, ½ getrocknete Seemorchel (aus dem Asienladen), 1 Essl. Butter, 1 Teel. gehackte Petersilie, 1 angedrückte Knoblauchzehe, 1 Thymianzweig, Pfeffer aus der Mühle, 150 g Kalbfleischtatar, ½ Teel. Wasabi (japanischer grüner Meerrettich), Saft von 1 Zitrone, 1 Teel. Fünfgewürzpulver, ½ Teel. sehr fein gewürfelter Ingwer, 3 Blätter Brikteig (in feine Streifen geschnitten), Erdnussöl zum Frittieren

Für 4 Personen
Schwierigkeitsgrad: mittelschwer
Zubereitungszeit: 45 Minuten

Glasnudelsalat:

Glasnudeln 30 Minuten in warmem Wasser einweichen. Herausnehmen, ausdrücken. 2 Essl. Erdnussöl in einer Pfanne erhitzen. Gemüsestreifen darin anschwitzen. 2 Essl. Sojasauce, Reisessig, Salz, Zucker, Lauchzwiebel und Chicken-Sauce dazugeben. Über die Glasnudeln geben und gut mischen.

Gebratene Seemorchel:

Seemorchel 20 Minuten in kaltes Wasser legen, Strunk herausschneiden. Seemorchel klein schneiden und trocken tupfen. In einer Pfanne Butter mit Petersilie, Knoblauch und Thymian erhitzen. Morchel mit der krausen Seite nach unten darin 2–3 Minuten braten. Wenden, nochmals braten, mit Salz und Pfeffer würzen. Basilikumsamen einstreuen.

Gebackenes Kalbstatar:

Kalbfleischtatar mit 2 Teel. Sojasauce, Salz, Wasabi, Zitronensaft, Pfeffer, Fünfgewürzpulver und Ingwer würzen. Bällchen formen und in Brikteig-Streifen wälzen (Foto unten). In heißem Erdnussöl etwa 2 Minuten frittieren.

Anrichten:

Glasnudelsalat auf Teller verteilen. Seemorchel und gebackenes Tatar jeweils daneben legen.

Weintipp:

∘ 1997er Saarburger Kupp Riesling Spätlese trocken, Dr. Heinz Wagner, Saarburg, Mosel-Saar-Ruwer
∘∘ 1998er Sauvignon blanc, Cloudy Bay, Marlborough, Neuseeland

Auf seinen Asienreisen hat Globetrotter Marquard in fremde Töpfe geschaut und pikante Zutaten kennen gelernt: Chili, Zitronengras, Kaffirlimetten. Ganz kurios war ein Erlebnis im „Oriental" in Bangkok. Dort servierte man ihm Schneefrosch in einer Kokosnuss, die außerdem mit dampfendem Trockeneis gefüllt war. „Das ist nichts für dieses Buch ", meint der Chef, „außerdem: Wo kriegen wir hier am Bodensee einen Schneefrosch her?"

Tandoori-Fischstäbchen

mit Chinakohl und Babymais

«Fischstäbchen!»

Zutaten
Tandoori-Fischstäbchen:

0,125 l Reiswein, 0,125 l eiskaltes Wasser, Salz, 1/2 Teel. gemahlener Koriander, 1–2 Essl. Tandoori-Pulver, 80 g Tempura-Mehl (aus dem Asienladen), 480 g Fischfilet (Zander, Steinbutt oder Seeteufel, in breite Streifen geschnitten), Saft von 1 Zitrone, Erdnussöl zum Frittieren

Gemüse:

1 Essl. Sesamöl, 1 kleiner Chinakohl (vom Strunk befreit und in Blätter zerteilt), 12 Maiskölbchen, 1 Essl. Sojasauce, 1 Essl. Chicken-Sauce süßsauer, gehackter, frischer Koriander nach Geschmack und einige Blättchen als Garnitur

Für 4 Personen
Schwierigkeitsgrad: leicht
Zubereitungszeit: 45 Minuten

Tandoori-Fischstäbchen:

Reiswein und Wasser mischen. Salz, Koriander, Tandoori-Pulver und Tempura-Mehl einrühren. 30 Minuten sehr kalt stellen. Fisch mit Salz und Zitronensaft würzen. Durch die Panade ziehen (Foto rechts). In Erdnussöl 3–4 Minuten frittieren. Auf Küchenkrepp abtropfen lassen.

Gemüse:

Sesamöl in einer Pfanne erhitzen. Chinakohlblätter und Maiskolben darin 3–4 Minuten unter Rühren braten. Mit Sojasauce ablöschen, etwa 1 Minute köcheln lassen. Mit Chicken-Sauce und Koriander würzen.

Anrichten:

Gemüse auf Teller verteilen. Mit Fischstäbchen schräg aufschneiden und darauf legen. Mit frischen Korianderblättchen garnieren.

Weintipp:

∘ 1998er Jean Baptiste Riesling Kabinett, Gunderloch, Nackenheim, Rheinhessen
∘∘ 1990er Le Haut Lieu Vouvray Molleux, Domaine Gaston Huet, Vouvray, Loire, Frankreich

Tandoori-Kruste:
Der Tandoori-Tempura-Teig sollte sehr kalt sein, damit er später beim Frittieren im heißen Öl gut haftet. Marquard zieht die Fischstreifen nicht mit den Fingern, sondern mit einer Küchenpinzette durch den Teig, weil das rote Tandoori-Pulver stark abfärbt.

Pikante Füllung:
Ingwer, Knoblauch, Hoisin-Sauce, gelbe Bohnenpaste, Reiswein, Sojasauce, Reisessig, Honig, rote Chilischoten und Fünfgewürzpulver geben der Ente von innen Aroma und verbinden sich zu einer köstlichen Sauce. Beilage zur Ente: würzig-frische Lauchzwiebeln.

Zutaten

Füllung:
0,125 l Wasser, 30 g Ingwer, 60–70 g geschälter Knoblauch, 3 Essl. Hoisin-Sauce, 50 g gelbe Bohnenpaste (aus dem Asienladen), 5–6 Essl. Reiswein, 2–3 Essl. Reisessig, 2–3 Essl. Sojasauce, 2 Essl. Honig, 1 Essl. Zucker, 1 Prise Salz, 1 Teel. Fünfgewürzpulver, 1 rote Chilischote (in Ringe geschnitten)

Ente:
1 Ente mit Hals (etwa 2 kg), 4 Essl. Honig, 1–2 Essl. Reisessig, Salz

Beilagen:
0,35 l Wasser, 400 g Mehl, 1 Essl. Pflanzenöl, 1 kleiner Kopf grüner Salat (in Blätter zerpflückt), 1 Bund Lauchzwiebeln (in Stücke geschnitten), 1 rote und1 gelbe Paprika (in Streifen geschnitten)

Für 4 Personen
Schwierigkeitsgrad: schwer
Zubereitungszeit: $2\frac{1}{2}$ Stunden plus 2 Tage Ruhezeit

Füllung (1–2 Tage vorher):
Alle Zutaten für die Füllung in einen Topf geben und aufkochen. Ente am Hals zubinden. Füllung in die Ente geben und das Tier mit Küchengarn zunähen. Salzwasser zum Kochen bringen, Ente darin etwa 3 Minuten kochen, damit sich die Poren schließen. Herausnehmen, 1–2 Tage auf einem Gitter im Kühlschrank trocknen lassen. Honig, Reisessig und Salz mischen und die Ente mit dieser Mischung bestreichen. Ente nach dem letzten Einpinseln nochmals 5–6 Stunden kühlen.

Ente zubereiten:
Ofen auf 180 Grad vorheizen. 0,5 l Wasser in eine Fettpfanne füllen. Ente mit der Brustseite nach oben auf einem Gitter etwa 30 Minuten backen. Mit der Honig-Reisessig-Mischung einpinseln, wenden, nochmals 30 Minuten backen. Danach noch einmal einpinseln und 30 Minuten backen. Aus dem Ofen nehmen, tranchieren und in mundgerechte Stücke schneiden. Sauce (Füllung) durch ein Sieb gießen, aufkochen und auf $\frac{2}{3}$ reduzieren.

Beilagen:
Wasser aufkochen, mit Mehl und Öl zu einem glatten Teig kneten. 30 Minuten im Kühlschrank ruhen lassen. Den Teig zu Fladen von etwa 10 cm Durchmesser ausrollen (unten). Diese in einer beschichteten Pfanne ohne Fett beidseitig 3–4 Minuten braten. Zwischen Backpapier im auf 80 Grad erhitzten Backofen warm halten.

Anrichten:
Pfannkuchen mit Salatblatt, Lauchzwiebel, Paprika und Entenfleisch belegen. Mit Entensauce beträufeln und einrollen.

Weintipp:
• 1995er Le Grive Pinot Nero & Barbera, Forteto della Luja, Loazzolo, Piemont, Italien
○○ 1996er Nackenheimer Rothenberg Riesling Auslese, Gunderloch, Nackenheim, Rheinhessen

Köstliche Kruste:
Durch das stete Bestreichen mit einer Mischung aus Honig, Reisessig und Salz bekommt die Ente eine knusprig-süße Haut.

Pfannkuchen:
Den Teig teilt Marquard in drei Teile, die er dann zu Würsten mit etwa 3 cm Durchmesser rollt. Davon schneidet er Stücke ab, rollt sie zu Kugeln und wälzt sie mit dem Nudelholz zu Fladen aus.

Ente kantonesische Art

Grüntee-Eis:

6 Eigelb, 0,25 l Milch, 0,25 l Sahne, Mark von 1 Vanilleschote, 1 Sternanis, 120 g Zucker, Saft und geriebene Schale von 1 Zitrone, 30–40 g Grüntee-Pulver (aus dem Asienladen)

Zitronengras-Kokos-Kaltschale

0,125 l Milch, 0,25 l Apfelsaft, 1 Dose Kokosmilch (0,4 l), 3 Stangen klein geschnittenes Zitronengras, 5–6 klein geschnittene Kaffir-Limettenblätter, Saft von 2 Zitronen, 1 gestrichener Essl. schwarze Basilikumsamen (aus dem Asienladen)

Mango-Chili-Spaghetti:

2 Mangos, 4 rote Chilis, Saft von 1 Zitrone, Saft von 1/2 Orange, 1–2 Essl. Traubenkernöl, Basilikum als Garnitur

Für 4 Personen

Schwierigkeitsgrad: mittelschwer

Zubereitungszeit: 1 Stunde plus Gefrierzeit

Grüntee-Eis:

Eigelb in einer Schüssel schaumig schlagen. Milch, Sahne, Vanille, Sternanis und Zucker aufkochen. Durch ein Sieb ins Eigelb einrühren. Zitronensaft, Zitronenschale und Grüntee-Pulver dazugeben. In der Eismaschine gefrieren.

Zitronengras-Kokos-Kaltschale:

In einem Topf Milch, Apfelsaft und Kokosmilch unter Rühren erhitzen. Zitronengras und Kaffir-Limettenblätter zufügen. Zitronensaft einrühren. Aufkochen, 10 Minuten bei niedriger Hitze köcheln lassen. Durch ein Sieb in eine Schüssel geben, Basilikumsamen untermischen, kaltstellen.

Mango-Chili-Spaghetti:

Mangos längs halbieren, Kern entfernen. Fruchtfleisch in 2 mm dünne Scheiben schneiden, die Schale abtrennen und das Fruchtfleisch in dünne Streifen schneiden. Chilis halbieren, Kerne entfernen. Unter fließendem, lauwarmem Wasser gründlich waschen – das nimmt den Chilis die Schärfe. Klein schneiden (Foto rechts), mit den Mangos mischen. Aus Zitronensaft, Orangensaft und Traubenkernöl ein Dressing anrühren. Über die Mango-Spaghetti geben.

Anrichten:

Kaltschale in vorgekühlte Teller verteilen. Mango-Spaghetti darauf legen und mit Grüntee-Eis krönen. Mit Basilikumblättchen garnieren.

Weintipp:

∘ 1998er Wiltinger Braune Kupp Riesling Kabinett, Le Gallais, Wiltingen, Mosel-Saar-Ruwer

∘∘ 1996er Zwischen den Seen Scheurebe Trockenbeerenauslese Nr. 3, Alois Kracher, Illmitz, Neusiedler See, Österreich

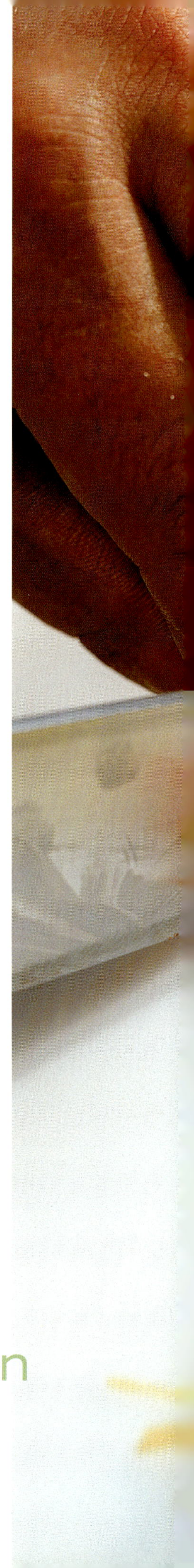

«Dieses Dessert ist in Asien wohl unbekannt – aber es ist der absolute Hammer!»

Mango-Chili-Spaghetti

mit Zitronengras-Kokos-Kaltschale und Grüntee-Eis

Snacks

Für diese schnellen Klassiker braucht man kein Rezept

Bami Goreng mit Pilzen

1

Die schnelle Gemüsepfanne kann man mit frischen oder getrockneten Pilzen zubereiten. Die Trockenpilze hat Marquard eingeweicht und danach gründlich ausgedrückt. Rote Paprika, Lauch, Stangensellerie und Karotten in Öl anschwitzen (Foto oben links), Pilze und fein gehackten, frischen Koriander dazugeben, Hühnerfond angießen und mit Austernsauce (aus dem Asienladen) abschmecken. Das Gemüse zum Warmhalten ringsum an den Rand schieben, gegarte chinesische Eiernudeln in der Mitte erwärmen und mit dem Gemüse verrühren (Foto oben).

Aus dem Wok

Nasi Goreng mit Kalbfleisch:

Knoblauch, Kaffir-Limettenblätter und Zitronengras in Sojaöl anschwitzen. Zucchini, Stangensellerie, Paprika und Möhren dazugeben und anbraten. Zum Warmhalten an den Rand des Woks schieben. In der Mitte gewürfeltes Kalbfleisch anbraten und an den Rand schieben. Ein verquirltes Ei in der Mitte des Woks verrühren (Foto oben rechts). Gekochten Duftreis dazugeben. Alles gut mischen, mit heller Sojasauce und Austernsauce würzen und mit frischem, gehacktem Koriander bestreuen.

2

Der Profi-Tipp:

Auch wenn manche Rezepte das Gegenteil verlangen – beim Pfannenrühren im Wok zuerst das Gemüse und danach das Fleisch braten. Wenn das Fleisch nur kurz mitgart, bleibt es zart und saftig.

Aus der Fritteuse

Frühlingsrolle mit Entenfleisch:

Gekochtes und gewürfeltes Entenfleisch mit Entenfond, dunkler Sojasauce, Sprossen, gewürfelten Tomaten, gehacktem Koriander und Honig vermischen. Den fertigen Frühlingsrollenteig (aus dem Asienladen) in der Mitte mit Eiweiß bepinseln. Zwei bis drei blanchierte Lauchblätter auf das Teigblatt legen und die Füllung darauf geben (Foto unten links). Zunächst die Seiten des Teigblattes einklappen, dann zusammenrollen. Die Enden mit Eiweiß bestreichen.

Damit die saftige Füllung nicht durchweicht, pinselt Marquard die ganze Rolle noch einmal mit Eiweiß ein und rollt sie in ein weiteres Teigblatt. Fünf Minuten goldgelb frittieren. Die Rollen schräg aufschneiden, auf einem Bett von Sprossen anrichten und mit Koriander garnieren (Foto oben). Dazu passt dunkle Sojasauce mit fein gehacktem Koriander.

Aus der Pfanne

Thai-Chicken-Curry:

Das Curry kann man in einer großen Pfanne auf dem Herd oder im Wok zubereiten. Grob zerteilte rote Zwiebeln, angeschlagenen Knoblauch, Kaffir-Limettenblätter und Galgant-Scheiben in Sojaöl anschwitzen. Grob gewürfeltes Hühnerfleisch darin anbraten und wieder herausnehmen. Rote und gelbe Paprika und den unteren Teil einer Porreestange in Rhomben schneiden, Thai-Auberginen (grüne Apfelauberginen aus dem Asienladen) vierteln. Alles in die Pfanne geben und anschwitzen. Hühnerfond angießen. Dann Kokosmilch unterrühren und mit grüner Currypaste (vorsichtig dosieren!) abschmecken. Das gebratene Hühnerfleisch wieder dazugeben, alles vermischen und mit fein gehacktem, frischem Koriander bestreuen.

Glossar

A

Abdämpfen: Gemüse, Kartoffeln, Nudeln, Reis nach dem Garkochen abgießen und über der heißen Herdplatte schwenken, damit das restliche Wasser verdampft.
Ablöschen: >deglacieren.
Abschäumen: den trüben Schaum von kochenden Flüssigkeiten abschöpfen.
Abschlagen: Zutaten für Saucen und Cremes im heißen Wasserbad unter ständigem Schlagen erwärmen, bis sie binden.
Abschmecken: eine Speise abschließend würzen.
Abschrecken: Gemüse nach dem >Blanchieren kurz in Eiswasser tauchen, um den Garprozess zu stoppen und die natürliche Farbe zu erhalten.
Aceto balsamico: (=Balsamessig) 3 bis 25 Jahre alter, milder Weinessig aus Traubenmost, meist aus Modena. Die beste Qualität ist durch den Zusatz *traditionale* gekennzeichnet. Weißer Aceto balsamico ist eine Mischung aus Weißwein- und Balsamessig.
Aïoli, alioli, ailloli: Knoblauchmayonnaise.
à la minute: Fertigstellung eines Gerichts unmittelbar vor dem Servieren.
à la nage: schwimmend gegart, im >Sud oder >Fond serviert.
à point: Fleisch „auf den Punkt" braten, sodass der Kern noch rosa ist.
al dente: italienisch für „bissfest". Konkret heißt das: Gemüse und Pasta sollten nach dem Kochen nicht weich sein, sondern noch Biss haben.
Amuse-Gueules: kleine Happen, die den Appetit anregen und die Zeit bis zum Beginn des Menüs überbrücken sollen. >Gourmandises.
Anbraten: Fleisch, Geflügel oder Fisch bei starker Hitze von allen Seiten braten, damit das Eiweiß gerinnt. Das Innere soll roh bleiben. >Nachbraten.
Anchoïade: Anchovispaste.
Anchovis: eingelegte Sardellen.
Anschwitzen: Gemüse in Fett bei schwacher Hitze garen, ohne es zu bräunen.
Arborio-Reis: Rundkornreis der Qualitätsstufe superfino, der sich bestens für Risotto eignet.
Arista: Schweinebraten, gewürzt mit einer Mischung aus Knoblauch, Pfeffer und Rosmarin (Toskana).
Aromaten: Würzkräuter.
Aspik: pikant abgeschmecktes >Gelee, auch zum >Glacieren.
Auslassen: Speck braten, bis das Fett austritt.
Auslegen: Backblech oder -form vor dem Einfüllen des Teiges mit Spinatblättern, Speckstreifen oder Backpapier auskleiden. Oder den Teig auslegen und darauf z. B. Speck oder Gemüse geben.
Auster: Das edelste Meeresschaltier wird meist roh mit Graubrot, gesalzener Butter, trockenem Weißwein oder Champagner genossen, kann aber auch gratiniert, gegrillt oder pochiert werden. Zu den bekanntesten europäischen Sorten zählen Belon, Colchester, Whitstable, Galway und Sylter Royal. Die häufig angebotene Fine de claire ist eine gezüchtete Felsenauster aus Frankreich.
Austernsauce: dunkelbraunes, sämiges Würzmittel aus Austernextrakt, Zucker, Salz, Maisstärke, Weizenmehl und Karamell.

B

Baba: kleines, rundes Hefegebäck. >Savarin.
Baccalà, bacalao: Stockfisch; in Salz eingelegter, getrockneter Fisch, meist Kabeljau.
Bagna cauda: pikante, warme Sauce aus Anchovisfilets, Olivenöl und Knoblauch, die als Dip zu rohem Gemüse serviert wird.
Bain-marie: Wasserbad. Die Zutaten werden in einem Topf, der auf einem größeren Topf mit heißem Wasser steht, zubereitet.
Ballotine: gefülltes Fleisch- oder Fischstück. Fleisch, Geflügel oder Fisch >entbeinen bzw. entgräten, füllen, rollen und >dressieren. Anschließend >schmoren oder >pochieren.
Bamberger Hörnchen: gekrümmte, fest kochende Kartoffelsorte mit viel Aroma.
Bambuskörbchen: chinesisches Dämpfgefäß aus Bambus, zum Beispiel zum Dämpfen von >Dim Sum. Die Körbe lassen sich übereinander stapeln – so können verschiedene Speisen gleichzeitig über Wasserdampf gegart werden.
Bambussprossen: kegelige, elfenbeinfarbene Triebe mit zartem Fleisch. In Europa fast nur gekocht in Konservendosen erhältlich.
Bami Goreng: gebratene dünne Eiernudeln, meist mit verschiedenen Gemüsen und Fleisch im >Wok zubereitet (Indonesien).
Bandförmig vom Schneebesen laufen: Eier-Zucker-Mischung kräftig schlagen, bis sie sehr dick ist. Die Mischung soll vom Schneebesen in glatten, dicken Bändern ablaufen. >Zur Rose abziehen.
Barbarie-Ente: französische Kreuzung zwischen Flugentenweibchen und wildem Erpel mit rotem, besonders magerem, würzigem Fleisch.
Bardieren: mageres Fleisch mit dünnen, fetten, ungeräucherten Speckscheiben umwickeln, damit es beim anschließenden Braten saftig bleibt.
Basmati-Reis: duftender, zarter, indischer Langkornreis mit nussigem Geschmack.
Bayerische Creme: (auch Bavaroise) Dessert aus Eigelb, Zucker, Milch, Vanillemark, Sahne und Gelatine, mit pürierten Früchten, Schokolade, Kaffee, Nüssen oder Likör aromatisiert.
Béarnaise(sauce): sämige, aufgeschlagene Buttersauce mit Eigelb, Schalotten, Estragon- oder Weinessig, Weißwein, Kräutern, Pfeffer und Salz.
Béchamel(sauce): cremige, weiße Sauce aus Mehl, Butter und Milch, gewürzt mit Zwiebeln, Salz, Pfeffer und Muskat.
Begießen: Fleisch oder Geflügel während des Bratens oder Grillens mit Fett oder Flüssigkeit bestreichen oder übergießen, damit die Oberfläche zusätzlich aromatisiert wird und nicht austrocknet.
Beignet: Krapfen. In Backteig getauchtes, in Fett ausgebackenes Obst oder Gemüse.
Beurre manié: >Mehlbutter.
Beuschel, Beuscherl: meist Kalbslunge und -herz mit einer

Sauce aus Gewürzen, Wein oder Fond und Sahne.
Binden von Flüssigkeiten: eine Bindung herstellen mittels einer >Liaison oder Stärkeprodukten. >Legieren.
Bisque: cremige Suppe aus mit den Karkassen pürierten Krustentieren. Mit Crème fraîche, Weißwein und Cognac abgeschmeckt.
Bistecca alla fiorentina: sehr großes Steak vom Filet am Knochen, möglichst von Chianina-Rindern (Toskana).
Blätterteig: knuspriger, zarter Teig ohne Hefe, dem während der Verarbeitung gekühlte Butter zugefügt wird. Das intensive Ausrollen und mehrfache Zusammenfalten des Teiges ist so aufwendig, dass selbst einige Spitzenköche auf Tiefkühlware zurückgreifen. >Millefeuille.
Blanc: Mischung aus Wasser, Mehl und Zitronensaft, in der Gemüse beim Garen seine helle Farbe behält, gut z. B. für Artischocken und Schwarzwurzeln.
Blanchieren: Gemüse oder Früchte kurz in kochendes Wasser geben und in Eiswasser >abschrecken, um den Garprozess zu unterbrechen, die Haut zu lösen, die Farbe zu bewahren oder Bitterstoffe zu entfernen. Gepökeltes verliert dabei Salz.
Blanquette: >Ragout aus weißem Fleisch (Kalb, Kaninchen, Poularde) in einer weißen, mit Eigelb und Sahne gebundenen Sauce. Im Unterschied zum >Frikassee nicht in der Sauce, sondern separat in Brühe gegart.
Blindbacken: Teig mit Papier belegen und mit getrockneten Hülsenfrüchten oder Reis beschweren, damit der Teig beim Backen seine Form behält.
Bockshornklee: Die getrockneten Blätter würzen >Tandoori-Gerichte. Die Samen werden – zum Aromatisieren von Currys – vor dem Gebrauch geröstet, damit sie nicht bitter schmecken.
Bohnensprossen: meist von Mungobohnen, seltener von Sojabohnen. Damit sie knackig bleiben, sollten sie nur kurz mitgaren.
Bollito misto: (bollito = gekocht) verschiedene Fleischstücke, Zunge und Huhn in Brühe, serviert mit >Salsa verde.
Boquerones: Anchovis oder Sardellen – mariniert, frittiert oder gegrillt (Spanien).
Borlotti-Bohnen: mittelgroße, rötliche und rotgefleckte Bohnen.
Bouillabaisse: Fischtopf aus Mittelmeerfischen. Zuerst wird die Brühe mit >Rouille, >Croûtons und Käse serviert, danach die Fische (Provence).
Bouillon: klare Brühe.
Bouquet garni: Kräuterbündel.
Braisieren: halb >schmoren, halb >braten.
Brandteig: Teig aus Mehl, Fett, Eiern und Milch bzw. Wasser für Vorspeisen, Klöße und Gebäck.
Brasato: (= geschmort) Schmorbraten.
Braten: Garen von Lebensmitteln in der Pfanne oder im Ofen. Dabei gerinnt das äußere Fleischeiweiß, sodass der enthaltene Saft nicht austreten kann, die Oberfläche wird meist knusprig braun. Beim Grillen auf einem Rost über glimmender Holzkohle erhalten die Fleisch- und Fischstücke ein rustikales Aroma. >Dünsten, >kurzbraten, >pfannenrühren, >poëlieren, >sautieren.
Bratensatz: Flüssigkeit und die am Boden des Bratgeschirrs angesetzten festen Stoffe beim Braten von Fisch, Fleisch und Geflügel. Wird meist zur Sauce gegeben. >Fond, >Jus.
Braune Grundsauce: Kalbsknochen, Zwiebeln und Wurzelgemüse in Fett anrösten, Tomatenmark und Mehl zugeben. Wenn das Mehl gebräunt ist, mit kalter Fleischbrühe ablöschen und mit heißer Brühe auffüllen. Zwei Stunden kochen lassen, >abschäumen, durchseihen. Auch Sauce espagnole, spanische Sauce, genannt.
Bries: (auch Milcher, Midder oder Schweser) Thymusdrüse vom jungen Kalb oder Lamm. Kalbsbries muss ganz frisch sein, kompakt und weißrosa aussehen. Vor der Zubereitung wird es gewässert, >pariert und >blanchiert.
Brikteig: hauchdünne Teigscheiben aus Mehl, Salz und kaltem Wasser, die vor dem Garen mit würzigen Mischungen gefüllt werden oder in die z. B. Fleisch eingewickelt wird. Der Teig ist in türkischen Lebensmittelläden erhältlich. >Malsouqua.
Brioche: leicht süßlicher Hefekuchen. Brioche-Teig wird auch als Teighülle und als Kuchenteig verwendet.
Brühe: gewürzter und aromatisierter >Fond.
Brunoise: fein gewürfeltes Gemüse.
Bruschetta: geröstete Brotscheibe, mit einer Knoblauchzehe eingerieben und mit bestem Olivenöl getränkt. In der Toskana auch *fett'unta* genannt.

C

Cannellini-Bohnen: mittelgroße weiße Bohnen.
Cannelloni: mit Fleisch, Meeresfrüchten oder Gemüse gefüllte Nudelröhren.
Caponata: klein geschnittene, süß-saure Auberginen mit Sellerie, Oliven und Pinienkernen (Sizilien).
Carnaroli-Reis: Rundkornreis, der oft für >Risotto verwendet wird.
Carpaccio: rohe, dünne Fleisch- oder Fischscheiben, mit Olivenöl, Pfeffer und Zitrone mariniert.
Cassata: Eis mit kandierten Früchten (Sizilien).
Cassoulet: Eintopf aus weißen Bohnen und verschiedenen Fleischsorten. Die Zutaten werden in eine Kasserolle geschichtet, mit Semmelbröseln bestreut und gratiniert (Languedoc).
Charlotte: gestürzte Süßspeise in einem Kranz aus Löffelbiskuit.
Chiffonade: in feine Streifen geschnittener Kopfsalat, auch mit Sauerampfer gemischt.
Chili: gelbe (sehr milde), grüne oder rote (sehr scharfe) Pfefferschoten in verschiedenen Größen zum Aufpeppen von Dips, Suppen

und Currys. Je kleiner die Schote, desto schärfer schmeckt sie.
Chinakohl: lockerer, länglicher Kohlkopf ohne Strunk. Er wird als Gemüse oder Salat verwendet.
Chorizo: spanische Paprikasalami.
Cibreo: Frikassee aus Hühnerleber, -kämmen und -nieren, manchmal Kalbsbries (Toskana).
Claypot: Tontopf zum Schmoren. Die chinesischen Tontöpfe sind innen glasiert, die indischen naturbelassen – in ihnen werden Fischcurrys zubereitet.
Confit: gegartes Fleisch, meist von Ente oder Gans, das vom eigenen Fett bedeckt und daher monatelang haltbar ist.
Consommé: klare Kraftbrühe.
Corail: der Rogen von weiblichen Krusten- und Schaltieren.
Coulis: konzentrierter Saft oder Püree aus Geflügel, Krustentieren, Gemüse oder Früchten. Grundlage für Suppen und Saucen.
Court-bouillon: Würzbrühe, häufig mit Essig.
Couscous: Gericht aus Grieß mit Gemüse, Fleisch oder Fisch. Ursprünglich aus Nordafrika.

Glossar

Crème: Sahne, Rahm, Obers.
Crème aigre: saure Sahne.
Crème brûlée, crema catalana: mit karamellisiertem Zucker gratinierte Vanillecreme.
Crème caramel: gestockte Vanillecreme, die aus einem mit karamellisiertem Zucker ausgegossenen Näpfchen gestürzt wird.
Crème double: stichfeste Sahne mit einem Mindestfettgehalt von 40 Prozent.
Crème fraîche: Sahne mit einem Mindestfettgehalt von 30 Prozent.
Crème mousseline: >Mousseline.
Crépinette: Begriff für Fisch- oder Fleischzubereitungen, die in ein Schweinenetz eingewickelt sind und darin saftig bleiben.
Crostini: geröstete Brotscheiben mit pikantem Belag.
Croûtons: geröstete Brotwürfelchen.
Curry: Gewürzmischung aus bis zu 20 verschiedenen Zutaten. Das asiatische Pulver hat nur wenig mit dem gelben Currypulver aus deutschen Supermärkten zu tun. Asiatische Köche stellen ihre gelben, grünen oder roten Currys aus gerösteten und gemahlenen Gewürzen selbst her: aus >Chili, >Ingwer, Knoblauch, >Koriander, Kreuzkümmel, Muskat, Nelke, Pfeffer, Senf, Curryblättern und >Kardamom. In Thailand und Indonesien verwendet man Currypasten – in Gelb, Rot oder Grün –, die sehr viel Chili enthalten und mit >Galgant und >Tamarindensaft abgeschmeckt sind. Curry nennt man auch das Gericht, das mit der scharfen Gewürzmischung aromatisiert ist.
Curryblätter: dunkelgrüne Blätter der Orangenraute, die – wie Lorbeer verwendet – für ein scharf-würziges Aroma sorgen.

D

Dämpfen: über Wasserdampf garen, zum Beispiel im >Bambuskorb. Auch im Edelstahltopf mit Dämpfeinsatz möglich.
Dampfnudeln: Hefeklöße, die in einem flachen Topf in Milch, Butter und Zucker zugedeckt gebacken werden. Meist süß mit Vanillesauce, Apfelmus oder Kompott serviert, aber auch herzhaft mit Speckwürfeln.
Darne: ein aus dem Mittelstück geschnittenes Fischsteak, meist vom Lachs oder Tunfisch.
Deglacieren: >Bratensatz mit etwas Flüssigkeit verrühren, um ihn vom Pfannenboden zu lösen. Wichtig bei der Saucenherstellung.
Degorgieren: wässern, um aus rohem Fleisch, Geflügel und Fisch unerwünschte Trübstoffe und Blut zu entfernen.
Demi-glace: mit Rotwein verfeinerte >braune Grundsauce.
Dijon-Senf: sehr feiner, scharfer Senf aus schwarzen Körnern, der sich gut zum Kochen, Braten und Grillen eignet.
Dim Sum: wörtlich „Herzenswonnen". Häppchen, die pikant, süß-sauer oder süß schmecken können. In >Bambuskörben gedämpft, im >Wok frittiert oder gebraten. Fantasievoll zubereitet und oft aufwendig verhüllt mit Frühlingsrollen- oder >Wan-Tan-Teig. Mögliche Füllungen: gegrilltes Schweinefleisch, Schweinehack, Garnelen, Krabbenfleisch, Bambussprossen oder Pilze. Beliebter asiatischer Snack.
Doppelrahm: >Crème double.
Dressieren: Speisen oder Fleischstücke mit Garn in eine gleichmäßige Form bringen oder auf besondere Weise anrichten.
Dressing: Salatmarinade. American Dressings enthalten Sahne, French Dressings Essig und Öl, italienische Dressings Rotweinessig und Olivenöl, Blue-Cheese-Dressings Blauschimmelkäse, z. B. Gorgonzola, Roquefort.
Dünsten: in wenig Flüssigkeit, meist auch in etwas Fett schonend garen, ohne dass das Gargut Farbe annimmt. Dabei den Deckel auflegen, damit der heiße Dampf den Garvorgang begünstigt.
Duftreis: aromatischer Langkornreis aus Thailand, Indonesien oder China mit süßlichem, zartem Duft. Als Reis für besondere Anlässe ist der thailändische Jasminreis besonders begehrt.
Duxelles: fein gehackte Pilze und Schalotten, in Butter gebraten, bis die Flüssigkeit verdampft und die Mischung relativ trocken ist.

E

Eierstich: im Wasserbad gestockte, verquirlte Masse aus Eiern, Salz, Pfeffer und Muskat. Klassische Suppeneinlage.
Einkochen: >reduzieren.
Einstechen: kleine Löcher in Teige einstechen, damit während des Backens Luft und Feuchtigkeit entweichen können. Die Haut von Enten und Gänsen wird vor dem Braten eingestochen, damit überschüssiges Fett austreten kann.
Eisbad: >abschrecken.
Eisparfait: gefrorene Speiseeismasse aus Eigelb und >Läuterzucker, Aromazutaten und Sahne.
Emulsion: Mischung aus Öl und einer fettlosen Flüssigkeit, etwa Essig.
Entbeinen: Knochen aus ganzen Tieren oder Teilstücken auslösen, dabei das Fleisch zusammenhängend lassen.
Entrecôte: Zwischenrippenstück vom Rind – aus der Mitte des flachen >Roastbeefs.
Essenz: stark eingekochte Brühe oder >Fond.

F

Façonnieren: Fleischstücke appetitlich herrichten, indem überstehendes Fleisch und Fett abgeschnitten wird. Mit Küchengarn umbundene Stücke behalten beim Braten ihre Form.
Farce: Mischung aus sehr fein gehacktem Fleisch oder Fisch, Kräutern und Brotkrumen, um etwa >Pasteten herzustellen und Geflügel, Schlachtfleisch, Wild oder Fische zu füllen.
Feuertopf: asiatisches Fondue. Gemüse, Fisch und dünn geschnittenes Fleisch werden mit Stäbchen oder Drahtkörben zum Garen in heiße Brühe getaucht und dann in eine Würzsauce getunkt. Zum Schluss genießen die Gäste die kräftige Brühe.
Ficelieren: Fleisch, Fisch oder Geflügel mit Küchengarn umbinden, um sie in eine gleich-

mäßige Form zu bringen und um zu verhindern, dass Füllungen austreten.
Filet mignon: (mignon = niedlich) auch Lendchen. Kleine Scheibe aus der Filetspitze zum Kurzbraten oder Grillen.
Filetieren, filieren: Fischfleisch vom Rückgrat lösen, beim Schlachtfleisch den Rückenmuskel beiderseits des Rückgrats auslösen, beim Geflügel Brüste von den Knochen trennen.
Focaccia: Hefeteig-Fladenbrot, süß oder salzig – zum Beispiel mit Oliven belegt.
Fond: aromatische Flüssigkeit, die beim Kochen, Braten oder Dünsten von Fisch, Fleisch oder Gemüse (außer Kartoffeln) entsteht.
Frankfurter grüne Sauce: Sauce aus mindestens sieben frischen, gehackten Kräutern und Schalotten, gekochtem Eiweiß in Streifen, Eigelb, Öl, Essig, Pfeffer und Salz. Meist zu gekochtem Rindfleisch serviert.
Frikassee: >Ragout aus hellen Fleischstücken wie Huhn oder Kalb. In weißer, mit Mehl gebundener Sauce gekocht und mit Sahne verfeinert.

Fischsauce: salzige Würzsauce aus fermentiertem Fisch.
Flädle: gebackene, dünne Pfannkuchen mit Muskat und oft auch Kräutern, die – in feine Streifen geschnitten – als herzhafte Suppeneinlage dienen.
Flammenkuchen: dünner Hefebrotteig, mit >Crème fraîche, geriebenem Käse, Eigelb, Speckwürfeln und gehackten Zwiebeln belegt und im Holzofen gebacken.
Flammeri: gestürzte Süßspeise, z. B. aus Grieß. Kalt serviert, mit pürierten roten Früchten.
Flan: mit Eiern und nur leicht geschlagener Sahne gebundenes Gemüsepüree. In Frankreich und Holland auch leichte Creme oder Pudding sowie flache Kuchen. In Spanien und Lateinamerika auch Bezeichnung für süße Aufläufe.
Fleurons: Blätterteiggebäck in Halbmond- oder Dreiecksform.
Fritters: kleine Obst-, Fleisch- oder Gemüsestücke, die mit dünnflüssigem Teig umhüllt und frittiert werden.
Frittieren: in heißem Öl ausbacken – auch im >Wok möglich.
Fritto misto: gemischtes Ausgebackenes. Verschiedene Fischsorten und Meeresfrüchte oder Gemüse im Backteig.
Frühlingsrolle: frittierte, dünne Brikteighülle mit einer Füllung aus Fleisch, Gemüse und blanchierten Bohnensprossen. Im Frühling gibt es die besten Zutaten für diese chinesische Spezialität.
Fünfgewürzepulver: chinesischer Gewürzmix aus Szechuanpfeffer, Sternanis, Zimtkassie, Gewürznelken und Fenchelsamen.
Fumet: konzentrierter Fischfond.

G

Galgant: Wurzel mit scharfer, leicht medizinisch-bitterer Note. Galgant wie >Ingwer verwenden.
Garam Masala: indische Gewürzmischung aus schwarzem Pfeffer, >Kardamom, Nelken, Zimt und Kreuzkümmel – zum Aromatisieren von Currys.
Garnelenpaste: (auch Shrimpspaste) hergestellt aus gesalzenen, sonnengetrockneten Garnelen – als kräftige, sehr salzige Würze für Currys und Dips. Riecht äußerst streng, immer fest verschließen!
Garnitur: Beilage, Umlage, Zutat, Verzierung einer Speise.
Gazpacho: kalte Gemüsesuppe aus pürierten Gurken, Tomaten, Paprika, Zwiebeln, Knoblauch, Brot, besonders gutem Olivenöl und Essig (Spanien).
Gelatine: klarer, geschmackloser Knochenleim in Pulver- oder Blattform zum Gelieren.
Gelee: gallertartig erstarrter Fleisch- oder Fruchtsaft. Sülze oder Aspik: ein Gelee mit Fleisch- oder anderen Einlagen.
Gemüsebänder: Gemüse wie Möhren und Zucchini in dünne Bänder schneiden.
Ghee: geklärte Butter aus Kuhmilch. Zum Selbermachen: ungesalzene Butter 45 Minuten bei sehr geringer Hitze köcheln, bis sich die festen Bestandteile am Boden absetzen.
Glacieren oder Glasieren: Fisch oder Fleisch mit einer dünnen Flüssigkeit überziehen, damit sie eine glatte, glänzende Oberfläche erhalten. Gemüse, z. B. Möhren, werden in der Pfanne mit >karamellisiertem Zucker glasiert.
Glasnudel: dünne, durchsichtige Nudel aus Mungobohnenstärke – oft Suppeneinlage oder Füllung.
Gnocchi: Klößchen aus Kartoffelteig, manchmal mit Spinat.
Gourmandises: würzige Naschereien aus der kalten Küche. Meist aus Teig mit pikanter Füllung.
Grana: allgemeine Bezeichnung für einen halbfetten, körnigen Hartkäse. Der Name Grana Padano ist ursprungsgeschützt.
Granité: zerstoßenes Wassereis aus Fruchtsirup oder einer aromatisierten Flüssigkeit – eine Erfrischung zwischen zwei Gängen.
Gratin: ein mit geriebenem Käse bestreutes Gericht in einer Auflaufform, das im Ofen oder unter dem Grill überbacken wird.
Gratiné, gratinée: mit Paniermehl und/oder Käse oder einer Decksauce überbacken.
Grießnockerl: kleine, längliche Klößchen aus Butter, Ei, Weizengrieß, Salz und Muskat, in Salzwasser sanft gar gezogen. Klassische Suppeneinlage.
Grillen: >braten.

H

Haifischflossen: getrocknete Flossen vom Katzenhai für die berühmte und sehr teure chinesische Haifischflossensuppe.
Halbgefrorenes: Eisspezialität auf der Basis von Sahne, Jogurt, Früchten und/oder Kakao bzw. Schokolade und Alkohol, zu halbfester Konsistenz gefroren.
Harissa: scharfe nordafrikanische Gewürzpaste aus Chilis, Knoblauch und Kreuzkümmel.
Hefestück, Vorteig: Mischung aus lauwarmer Milch, Zucker, aufgelöster Hefe und wenig Mehl auf den doppelten Umfang aufgehen lassen. Dann erst alle weiteren Zutaten einarbeiten.
Herbes de Provence: Mischung aus getrockneten Kräutern wie Majoran, Thymian, Rosmarin, Basilikum, Bohnenkraut, Lorbeer und Lavendel.
Hirn: auch Bregen, Brägen. Kalbshirn gilt als besonders feine Delikatesse. Hirn wird wie >Bries vor dem Verarbeiten gehäutet, gewässert und blanchiert.
Hoisin-Sauce: rotbraune, dickflüssige Sauce aus Sojabohnenpaste, Sesamöl, Knoblauch, Chilis, Essig, Salz und Zucker. Die scharf-süße Sauce eignet sich zum Dippen, für Marinaden und zum Grillen.

Glossar

Hundertjährige Eier: Enteneier, die zwei bis vier Monate in einer Mischung aus Kalk, Asche, Salz und Reisspelzen lagern, bis das Eiklar durchscheinend schwarz und das Eigelb graugrün aussieht. Eine chinesische Delikatesse; mit Vierteln und Achteln dekoriert man Vorspeisen.

I

Infusion: aromatische Zutaten, z. B. Gewürze oder Zitrusschalen, in einer heißen Flüssigkeit ziehen lassen. Damit werden herzhafte oder süße Lebensmittel übergossen. Eine Würzflüssigkeit kann auch eingespritzt werden, etwa mit einer Spritze ins Fleisch.
Ingwer: süß-scharfe Wurzel, die vor allem ostasiatischen Gerichten einheizt. Die Schärfe steigt mit dem Alter, Ingwer sollte nicht älter als ein Jahr sein. Gute Ingwerwurzeln erkennt man an ihrer seidig-festen, prallen Haut.

J

Jabugo: luftgetrockneter Bergschinken aus Jabugo, Andalusien.
Julienne: Gemüse, Fleisch oder Trüffeln, in feine Streifen geschnitten.
Jus: entfetteter Bratensaft.

K

Kaffir-Limettenblätter: dunkelgrüne, frische oder auch getrocknete Blätter, die Currys, Suppen und Gegrilltem ein feines Zitrusaroma verleihen.
Kaltrühren: eine heiße Masse neben der Herdplatte so lange rühren, bis sie abgekühlt ist.
Kandieren: Früchte, Fruchtteile oder andere Pflanzenteile in konzentrierte Zuckerlösung tauchen und vom Zucker durchdringen lassen. Anschließend trocknen.
Kannelieren: in die Schale von Früchten und Gemüse Muster einschneiden, sodass das anschließend in Scheiben geschnittene Obst oder Gemüse einen dekorativen Rand erhält.
Kapaun: junger, kastrierter Hahn mit einem Gewicht von 1,5–2 kg. Er ist besonders fleischig und zart – und selten.
Kapern: Blütenknospen des im Mittelmeerraum heimischen Kapernstrauchs. Große Kapern haben das kräftigste und kleine das feinste Aroma.
Karamellisieren: das Erhitzen von Zucker, bis er sich verflüssigt und goldbraun bis dunkelbraun wird. Möhren oder Zwiebeln zum Beispiel werden dabei mit Fett und etwas Flüssigkeit in karamellisiertem Zucker gegart und erhalten auf diese Weise eine glänzende Schicht. Der Zucker unterstreicht das Aroma des Gemüses. >Glacieren/glasieren.
Kardamom: Samenschote in zwei Farben. Die grünen Samen werden ganz oder zerdrückt für süße Gerichte verwendet. Die Samen der schwarzen Schote mit ihrem blumig-scharfen Aroma werden erst kurz vor Gebrauch gemahlen – für Currys, Kuchen und zum Pökeln.
Karkasse: Gerippe von Geflügel, Kleintieren und Teilen von Schlachtvieh. Ergibt, mit >Mirepoix angebraten, eine gute Basis für Saucen.
Kasseler: gepökeltes, geräuchertes Schweinefleisch vom Rippenstück, gebraten oder im Ofen gebacken. Nach dem Berliner Fleischermeister Cassel benannt.
Kaviar: Je heller, großkörniger und zartschaliger, desto feiner: Die wichtigsten Sorten der präparierten Fischeier – im Original von verschiedenen Störarten aus dem Kaspischen Meer – heißen Beluga, Osietra und Sevruga. Malossol bedeutet mild gesalzen. Kaviar genießt man am besten pur auf Eis oder auf Blini mit >Crème fraîche. Ketakaviar ist großkörniger, roter Lachsrogen.
Ketjap: indonesische Soja-Würzsauce. Ketjap manis ist süß, dunkel und dickflüssig, ketjap asin ist dünner und salziger.
Klären: aus Flüssigkeiten, zum Beispiel >Fonds, alle trübenden Bestandteile entfernen. Dabei lässt man gut verrührtes Eiweiß von Hühnereiern oder grob zerkleinertes eiweißreiches Fleisch zusammen mit fein gewürfeltem Gemüse in der Flüssigkeit köcheln. Das Eiweiß bindet die Trübstoffe.
Klären von Butter: das Fett im Topf auf einer warmen Herdplatte schmelzen, dabei setzt sich die Molke ab. >Abschäumen und durch ein Tuch umfüllen.
Klebreis: Mittelkorn-Reissorten mit hohem Stärkegehalt, deren gekochte Körner zusammenkleben. Beim Kochen können sie schnell zu matschig werden, deshalb werden sie meist gedämpft. So bleibt der Reis ein wenig körnig und kann als Beilage serviert werden.
Kneten: eine Teigmasse immer wieder drücken und falten, bis sie glatt und geschmeidig wird. Kräftiges Kneten unterstützt die Ausbildung des Klebers im Mehl.
Knoblauch: Frischer Knoblauch – weiße oder violette Knolle mit langem Stiel – ist vom Spätfrühling bis zum Spätsommer erhältlich. Er schmeckt milder und fruchtiger als trockene Knoblauchzehen.
Knöpfle: in kochendes Wasser geschabte Teigstückchen aus Mehl und Eiern. Danach werden sie in Butter geschwenkt.
Kochen: 1. Erhitzen einer Flüssigkeit bis zum Siedepunkt (bei Wasser 100 Grad, bei Öl 160 Grad Celsius).
2. Garen von Lebensmitteln in einer kochenden Flüssigkeit.
3. allgemeine Bezeichnung für die Zubereitung von Speisen.
Kokosmilch: aus geraspeltem Kokosnussfleisch ausgepresste Flüssigkeit. Zum Binden und Würzen von Thai-Currys benötigt man ungesüßte Kokosmilch, die in Dosen verkauft wird. Die natürliche Flüssigkeit in der Nuss heißt Kokoswasser und ist zum Kochen nicht geeignet.
Konditorcreme: Füllcreme für Backwaren >Mousseline.
Konservieren: Lebensmittel durch Pökeln, Räuchern, Tiefkühlen, Einkochen in Gläser oder Einlegen in Essigsud oder Salzlake haltbar machen.
Koriander: süß-scharfe Samen mit Orangennote bzw. frisches, grünes Kraut mit eigenwilligem Geschmack. Dennoch unumgänglich – Koriandergrün hat in Asien den Stellenwert wie in Deutschland die Petersilie. Erst gegen Ende der Garzeit dazugeben.
Kreuzkümmel (auch Cumin) Kümmelsamen mit intensivem, bitterscharfem Aroma.

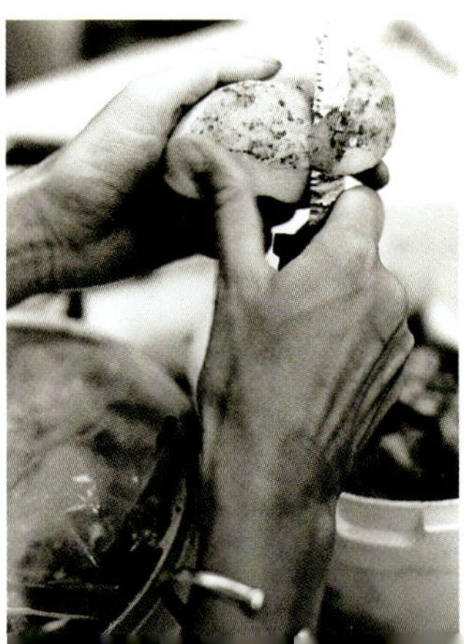

M wie Marquard: Stefan, Christine und Leon Simon, die jüngste Kreation

Kreuzweise einschneiden: die Oberfläche eines Lebensmittels mit einem Messer gitterförmig einschneiden und dabei ein Rautenmuster erzeugen. Dadurch können Marinaden gut einziehen, Fett kann besser abfließen, Schwarte wird elastischer, und Haut lässt sich leichter entfernen, beispielsweise bei Mangos.
Kurkuma: auch Gelbwurz. Intensiv gelb färbende Wurzel, deren gemahlenes Pulver Currymischungen ihre Farbe und eine mild-pfeffrige Bitternote verleiht. Beim Verarbeiten Handschuhe tragen!
Kurzbraten: zarte Fleischstücke, etwa Rückenfilets von Kalb, Rind sowie Lamm, oder Geflügelbrust in Öl von allen Seiten anbraten, dann im Ofen wenige Minuten nachgaren. Der Fleischkern sollte rosa sein. >Braten.
Kuvertüre: Schokoladenüberzugmasse mit einem Mindestgehalt von 31 Prozent Kakaobutter.

L

Läuterzucker: konzentrierte, klargekochte Zucker-Wasser-Lösung. Zum Tränken von Kuchen und Dünsten von Obst: 100 g Zucker mit etwa 7 Essl. Wasser bei mäßiger Hitze schmelzen lassen und 1 Essl. Fruchtsaft oder Alkohol, z. B. Cognac, zufügen. Zur Speiseeisbereitung: 100 g Zucker mit etwa 2 Essl. Wasser verkochen. Je höher die Zuckerkonzentration ist, desto dunkler und zähflüssiger wird die Lösung. Für das Karamellgitter eines Desserts muss der Läuterzucker karamellisieren, also dunkel und dickflüssig werden, damit er beim Fädenziehen nicht zerläuft. >Karamellisieren.
Lardieren: feine Speckstreifen mit Hilfe einer Spicknadel durch die oberste Schicht von magerem Fleisch ziehen, um den Fleischgeschmack zu verstärken und durch das Fett ein Austrocknen beim Braten zu verhindern.
Lasagne: Rechtecke aus Nudelteig, die mit anderen Zutaten zum gleichnamigen Pastagericht übereinander geschichtet werden.
Lauwarm: die Temperatur von etwa 37 Grad Celsius.
Legieren: Saucen oder Suppen binden. Bindemittel: Eigelb mit Sahne oder Wein bzw. mit Brühe, >Mehlbutter, Sahne oder Butter, für Wildspeisen auch Blut. Legierte Speisen, die nicht mit Stärke gebunden sind, dürfen nicht mehr aufkochen, sonst gerinnen sie.
Liaison: eine Mischung aus Eigelb und >Crème double oder Sahne zum Andicken von Saucen und Suppen. Die Liaison sollte vor dem Unterrühren mit etwas heißer Sauce oder Suppe verquirlt werden, damit das Eigelb nicht gerinnt.

M

Malfatti: wörtlich „schlecht gemacht“ – weil unregelmäßig geformt. >Gnocchi aus Spinat und Ricotta.
Malsouqua: mit Ei, Hackfleisch und anderen Zutaten gefüllte Teigtaschen aus >Brikteig. Eine in Nordafrika beliebte Spezialität.
Maniok: Wurzelknolle, die im östlichen Indonesien gegart als Gemüse genossen wird. Gerieben eignet sich das stärkehaltige Produkt zum Binden von Speisen.
Marinade: Leichte Marinaden erhalten den Eigengeschmack des eingelegten Lebensmittels, aufwertende verstärken den Eigengeschmack, dominierende verändern die Geschmacksrichtung. Marinaden können aus Fruchtsaft, Essig, Wein, Öl, Senf, Gewürzen und Kräutern bestehen.
Marinieren: Lebensmittel in eine Würzflüssigkeit einlegen, um das Aroma zu beeinflussen oder um die Speisen mürber zu machen. >Marinade.
Mark: mildwürziges, leicht nussiges Inneres von Röhrenknochen. Es wird zur Zubereitung von Markklößchen benötigt.
Marmorierung: optischer Effekt bei Kuchen, die aus verschiedenen, kaum vermischten Teigen bestehen. Das marmorartige Muster entsteht durch das Mischen zweier verschiedener Teige von unterschiedlicher Farbe. Wenn mageres Fleisch von Fettstreifen durchzogen ist, spricht man ebenfalls von Marmorierung.
Mascarpone: sahniger, fettreicher Frischkäse.
Mazerieren: Lebensmittel, meist Gebäck oder Obst, mit einer alkoholischen Flüssigkeit tränken, damit sie weicher werden und ein zusätzliches Aroma erhalten. >Baba, >Savarin.
Meaux-Senf: mittelscharfer, aromatischer Senf aus grob gemahlenen Senfkörnern, Wein, Gewürzen und Kräutern.
Medaillon: runde oder ovale Scheibe Fleisch aus einem Filet.
Mehlbutter: mit Butter zu gleichen Teilen verknetetes Mehl. Zum Binden von heißen, nicht mehr kochenden Saucen, Suppen, Gemüsemischungen.
Mehlieren: Fisch oder Fleisch unmittelbar vor dem Braten mit Mehl bestäuben, bzw. in Mehl wälzen – für eine leichte, würzige Kruste.
Mehlschwitze: Mischung aus Mehl und Fett, die bei schwacher Hitze mit Flüssigkeit, etwa Fond, unter ständigem Rühren langsam gekocht wird. Die Mehlschwitze (frz. *roux*) dient als Grundlage oder zum Andicken von Saucen und Suppen.
Mehlwasser: aufgekochtes und mit Zitrone gewürztes Wasser, in das, abgekühlt, etwas Weizenmehl eingerührt wurde. Darin werden z. B. Schwarzwurzeln und andere Gemüse gegart, die ihre weiße, appetitliche Farbe behalten sollen.
Melange: Kombination mehrerer Obst- oder Gemüsesorten, die zusammen zubereitet werden.
Melieren: eine Masse durch Heben, Spachteln oder leichtes Rühren vorsichtig unter eine zweite ziehen.
Menü: mehrere aufeinander abgestimmte und nacheinander servierte Speisen, Gänge genannt. Die klassische, ausführliche Abfolge beginnt mit einer kalten Vorspeise, gefolgt von einer Suppe, einer warmen Vorspeise, einem Fischgericht und einem großen Fleischgang. Vor dem Dessert werden weiterhin ein warmes, dann ein kaltes Zwischengericht, ein Sorbet, Braten mit Salat, ein Gemüsegericht, eine warme, eine kalte Süßspeise und Käse aufgetragen. Heute werden meistens drei bis acht Gänge serviert.
Meunière: (= Müllerin-Art) eine Speise, die in Butter gegart, mit Pfeffer und Zitrone gewürzt, gesalzen und mit Petersilie garniert wird, z. B. Seezunge oder Forelle.
Mie de pain: fein zerriebene Brotkrume.
Millefeuille: wörtlich „tausend Blätter“. Blätterteig. „Tausendblätterkuchen“, hohes Blätterteiggebäck.
Minestrone: dicke Gemüsesuppe mit Reis oder Nudeln und Hülsenfrüchten.
Mirepoix: sehr fein gewürfelte Gemüsemischung aus Möhren, Zwiebeln, Sellerie und Porree. Zum Aromatisieren von Saucen, Suppen und Schmorgerichten.
Montieren: aufarbeiten, aufschlagen von Saucen mit Butter, von Suppen mit Butterflocken.
Mousse: leichte, schaumige Speise aus süßen oder pikanten gegarten Zutaten, die zu einer gleichmäßigen Masse verrührt werden.
Mousseline: sehr gehaltvolle, schaumige Mischung für kleine Leckerbissen aus Geflügel-, Fleisch-, Fisch- oder Wildfarce. Crème mousseline hingegen ist eine süße, mit Butter verfeinerte Konditorcreme.
Mozzarella: rahmweißer Käse aus Kuh- oder Büffelmilch.
Mu-err: (auch chinesische Morchel) schwarzer, schwammiger Flachpilz.

Glossar

N

Nachbraten: Fleisch, Fisch oder Geflügel nach dem >Anbraten in den Backofen schieben und zu Ende garen.
Nantaiser Ente: (auch Blutente) nicht ausgeblutete, deshalb besonders saftige und delikate Hausentenart.
Nappieren: Übergießen oder Überziehen mit Sauce oder Gelee.
Nasi Goreng: gebratener Reis, meist mit Gemüsen und Fleisch im >Wok zubereitet (Indonesien).
Netz: >Schweinenetz.
Nussbutter: 1. Heiße Butter durch ein Sieb gießen und weiter erhitzen, bis sie nussfarben gebräunt ist. Zu Fisch und Gemüse.
2. Ein mit gemahlenen Haselnüssen vermischtes Butterstück. Zu frischem Weißbrot.

O

Oliven: Die eingelegten Früchte des Ölbaumes eignen sich zum Würzen und als Vorspeise.
Olivenöl: Extra vierge, virgen, vergine bezeichnet das kaltgepresste Öl aus der ersten Pressung – für Salate und zum Aromatisieren. Anderes Olivenöl auch zum Braten und Kochen.
Orecchiette: wörtlich „Öhrchen". Kleine, runde Nudeln.
Ossobuco: geschmorte Kalbshaxenscheiben (Mailand).
Oxydieren: Reaktion mit Sauerstoff. Lebensmittel verlieren unter Sauerstoffeinfluss Vitamine, verfärben sich, werden insgesamt minderwertiger.

P

Paella: spanische Reispfanne. Besonders beliebt ist die Paella mit Safran, Fisch und Meeresfrüchten.
Paglia e fieno: wörtlich „Stroh und Heu". Pastagericht mit grünen und weißen Nudeln.
Panaché: Mischung oder Zusammenstellung optisch und geschmacklich kontrastierender Lebensmittel, z. B. jeweils verschiedene Sorten von Salaten, Gemüse, Fischen oder Eiscremes.
Panade: Bindemittel aus Brot, Eiern, Mehl und anderen Zutaten für Farcen und Füllungen. Als Panierung wird die Umhüllung eines Lebensmittels vor dem Braten bezeichnet. Dabei wird das Bratgut jeweils einmal oder nacheinander in Mehl, geschlagenem Ei und Semmelbröseln gewendet. Kräuter und Gewürze können weitere Akzente setzen.
Pancetta: luftgetrockneter, ungeräucherter Bauchspeck. Mit Gewürzen, Salz und Pfeffer haltbar gemacht.
Pandanusblätter: schmale, dunkelgrüne Blätter mit einem Aroma von Vanille und Rosen. Für Süßspeisen, Reisgerichte und Currys. In Asien so beliebt wie Vanille im Westen. In Thailand werden die Blätter beim Garen auf oder um die Speisen gelegt. Nicht mitessen!
Panna cotta: (wörtlich „gekochte Sahne") Dessert aus Sahne, mit Vanille aromatisiert.
Panzanella: Salat aus altbackenem Brot, Öl, Tomaten und Gewürzen (Toskana, Umbrien).
Parfait: feine, gebundene Farce, etwa aus Gänseleber und Hummerfleisch. Oder – als Eisparfait – gefrorene Speiseeismasse aus Eigelb, steifgeschlagenem Eiweiß, Aromazutaten und Sahne.
Parieren: Fisch, Fleisch oder Geflügel von allen überflüssigen Bestandteilen wie Fett, Haut und Sehnen befreien. Die Abschnitte werden als Parüren bezeichnet.
Parmaschinken: luftgetrockneter Rohschinken mit süßlich-nussigem Aroma. Bis zu 18 Monate gereift. Nur echt mit der eingebrannten Herzogskrone von Parma.
Parmigiano: Parmesankäse. Halbfetter Hartkäse aus Kuhmilch. Parmigiano Reggiano ist der ursprungsgeschützte Name für einen hochwertigen, lange gereiften Parmesankäse.
Passieren: Brühen und Saucen durch ein Sieb oder ein Tuch gießen, um alle festen Stoffe zurückzuhalten. Weiche Speisen durch ein Sieb rühren, um eine cremige Masse zu erzeugen.
Pasta e fagioli: dicke Suppe aus Bohnen und Nudeln.
Pastete: (auch Pâté) fein gewürztes, warmes oder kaltes Gericht aus Fleisch, Geflügel, Innereien oder Fisch – meist in einer Teighülle. Bei Zubereitungen in Schüsseln oder Terrinen kann auf den Teig verzichtet werden.
Patisserie: feines Gebäck oder Konditorei.
Paysanne: Gemüse, z. B. Kartoffeln, Möhren, weiße Rüben und Kohl, das für Garnituren in kleine Stücke geschnitten wird.
Peking-Ente: speziell gezüchtete Entenart aus der Gegend von Peking. Das Traditionsgericht wird in mehreren Gängen serviert. Das Besondere an der Peking-Ente ist die Behandlung der Haut: Man bläst Luft unter die Haut, die Ente wird blanchiert, mit Honigsauce bestrichen und zum Trocknen aufgehängt. Dann kommt kochendes Wasser in den Rumpf, wo es verdampft und das Tier von innen gart. In einem gemauerten Holzkohleofen hängend, wird die Ente gebacken, bis sie glänzend, prall und knusprig aussieht.
Pesto, Pistou: Sauce aus Basilikum, Knoblauch, Olivenöl, Käse und Pinienkernen.
Pfannenrühren: das schnelle Zubereiten von fein geschnittenem Gemüse und Fleisch im >Wok. Die Zutaten werden kurz in heißem Öl unter ständigem Rühren gegart, damit das Fleisch saftig und das Gemüse knackig bleibt.
Picada: katalanische Paste aus Knoblauch, Safran, gebratenem Brot, Nüssen und manchmal Bitterschokolade. Sie wird zum Binden von Speisen verwendet.
Piccata: sehr dünne, kleine Kalbfleischscheiben, mit geriebenem Parmesan und >Mie de pain paniert.
Plattieren: Fleisch mit einem Klopfer an allen Stellen gleich flach klopfen, damit es mürber wird und gleichmäßiger gebraten werden kann. Dabei geht jedoch Fleischsaft verloren.
Pochieren: empfindliche Lebensmittel in einer Flüssigkeit unterhalb des Siedepunktes behutsam garen.
Poëlieren: schonendes Zubereiten zarter Fleischstücke in Pfanne oder Ofen, auch „hellbraun dünsten" genannt. Das Fleisch wird auf Wurzelgemüse gesetzt, mit Butter begossen und zugedeckt gegart. Eine Technik zwischen >braten und >dünsten.
Polenta: Beilage aus Maisgrieß, breiig oder fest serviert. Oft mit geschmorten Salbeiblättern, zerlassener Butter und Parmesan angerichtet (Norditalien).
Pot-au-feu: deftiges Eintopfgericht aus Fleisch, Brühe und Gemüse. Fleisch und Brühe werden meist getrennt serviert.
Poularde: gemästetes Junghuhn oder -hähnchen von mindestens 1,2 Kilogramm. Die Bresse-Poularden stammen aus der Region Bresse am Rande des französischen Jura und werden im Freiland aufgezogen. Die gelbfleischigen Mais-Poularden werden mit Mais gefüttert.

Püree: Masse von besonders feiner Konsistenz. Lebensmittel werden zerkleinert, passiert oder durchgepresst.

Q

Quatre-épices: französische Gewürzmischung aus gemahlenem Pfeffer, geriebener Muskatnuss, gemahlenen Nelken und Zimt. Oft wird als fünftes Gewürz >Ingwer hinzugefügt.
Quenelles: Klößchen aus Teig, einer Masse oder >Farce, meist mit zwei Löffeln geformt.
Quiche: herzhafter flacher Kuchen aus Brot-, Mürbe- oder Blätterteig mit Eiern, Crème fraîche, Milch und Sahne, mit Gemüse, Speck, Schinken oder Zwiebeln.

R

Ragout: eintopfartiges Gericht aus Fleischstücken, vermischt mit Pilzen, Gemüse oder Oliven in einer würzigen Sauce.
Ratatouille: Auberginen, Zucchini, Tomaten und Paprika – gewürfelt und geschmort mit Zwiebeln, Knoblauch, provenzalischen Kräutern und Olivenöl.
Reduktion: stark eingekochte Flüssigkeit. >Reduzieren.
Reduzieren: Flüssigkeit in Topf oder Pfanne ohne Deckel bei starker Hitze kochen, damit ein großer Teil verdampft. In der restlichen, dicker gewordenen Flüssigkeit konzentrieren sich die Aromen.
Reißend vom Löffel fallen: Beschreibung für die Konsistenz einer Mischung, z. B. eines Kuchenteigs, die weich vom Löffel fällt und dabei doch so fest ist, dass sie ihre Form bewahrt.
Remoulade: Mayonnaise mit hartgekochtem, zerdrücktem Eigelb, Gewürzen, Kräutern, Kapern, Gurken, Senf und Zwiebelstücken. Klassische Beilage zu >Roastbeef.
Ribollita: wörtlich „nochmals gekocht". Toskanische Bohnensuppe mit Schwarzkohl oder Wirsing, auf gerösteten Brotscheiben.
Ricotta: wörtlich „nochmals gekocht". Leichter, quarkähnlicher Frischkäse aus zweimal gekochter Milch, traditionell aus Schafsmilch hergestellt
Rillettes: Schweine-, Geflügel- oder Kaninchenfleisch, das so lange in Schmalz gegart wird, bis es sich in Fasern auflöst und eine Art Pastete bildet. Mit Brot gereicht, eine beliebte französische Vorspeise.
Risotto: Reisgericht aus in Butter angebratenem und in Fond gekochtem Rundkornreis. Ein guter Risotto hat noch Biss, aber eine breiige Konsistenz. Traditionell mit Safran, Steinpilzen oder grünen Spargelstückchen abgeschmeckt.

Roastbeef: Das äußere Rückenstück vom Rind. Im Ganzen und mit Knochen ergibt es besonders saftige Braten. Aber auch Steaks werden aus diesem Fleischstück geschnitten.
Rösten ohne Fett: Teigstücke für indische Brote, mediterrane bzw. orientalische Fladenbrote und mexikanische Tortillas ohne Zugabe von Fett oder Öl braten, backen oder rösten. Gewürze werden ohne Fett in der Pfanne geröstet, um die Aromen zu verändern.
Rösti: Kartoffeln werden geraffelt und mit Speckwürfeln und Zwiebelwürfeln in Butter oder etwas Schweineschmalz geröstet.
Rouille: Mayonnaise, mit Chilischoten scharf abgeschmeckt – ein perfekter Begleiter der provenzalischen >Bouillabaisse oder anderer Fischsuppen.
Roulade: Fleisch-, Fisch- oder Kohlblattrolle mit Füllung.
Roux: >Mehlschwitze.

S

Sabayon: >Weinschaum.
Salsa verde: „grüne Sauce" aus Kapern, Petersilie, Basilikum, Öl, Sardellen und Zitronensaft, die gut zu kaltem Fleisch passt.
Saltimbocca: wörtlich „spring in den Mund". Italienisches Gericht aus dünnem Kalbsschnitzel, luftgetrocknetem Schinken und Salbei, zum Beispiel zusammengerollt als *involtini* (Rouladen).
Sambal oelek: sehr scharfe indonesische Chilisauce aus roten pürierten Chilis und Essig.
San-Daniele-Schinken: magerer, luftgetrockneter Rohschinken aus dem Friaul.
Satay: (auch Saté, Sateh) südostasiatische Spießchen mit mariniertem Hühner-, Schweine- oder Rindfleisch sowie Fisch, die über Holzkohle gegrillt und mit Erdnuss-Sauce serviert werden.
Sauce hollandaise: Sauce aus aufgeschlagenem Eigelb und Butter, mit Salz, Muskat und Zitronensaft abgeschmeckt. Traditionell zu Spargel serviert.
Sautieren: In einer kleinen Stielkasserolle oder Schwenkpfanne kleine, flachgeschnittene Scheiben von feinem Fleisch, Wild, Geflügel, Fisch unter Schwenken rasch anbraten. Auch Gemüse lässt sich auf diese Weise garen. >Braten, >dünsten, >kurz-

Glossar

braten, >pfannenrühren, >poëlieren, >schmoren.
Savarin: in der Rundform gebackener Hefekuchen, getränkt mit Spirituosen oder Sirup.
Schaumig rühren: Mehrere Zutaten, meist Zucker, Fett und Eigelb, kräftig verrühren und mit dem Schneebesen schlagen, bis eine leichte, lockere und glatte Mischung entsteht.
Schaumpudding: >Zephir.
Schlagen: flüssige Zutaten, z. B. Sahne oder Eier, mit einem Schneebesen schlagen, um möglichst viel Luft einzuarbeiten und eine lockere Konsistenz zu erhalten.
Schmoren: Lebensmittel in Fett anbräunen und anschließend im geschlossenen Topf bei schwacher Hitze unter Zugabe kleiner Flüssigkeitsmengen über einen langen Zeitraum auf dem Herd oder im Backofen garen. Siehe dagegen >kurzbraten, >braten, >dünsten, >pfannenrühren, >poëlieren, >sautieren.
Schwalbennester: chinesische Delikatesse. Man isst nicht das Nest, sondern das getrocknete Speichelsekret, mit dem die Vögel ihr Nest bauen. Das Suchen und Reinigen der Nester ist sehr aufwendig, daher der hohe Preis: 100 Gramm kosten 1000 Mark.
Schweinenetz: auch Crépine. Fettfalte des Bauchfells. Das Netz wird als Wursthülle und zum Umwickeln von magerem Fleisch oder Hackfleischmischungen verwendet. >Crépinette.
Senfkohl: Gemüse aus Südostasien mit herb-bitterem Geschmack. Chinesischer Senfkohl (Pak-Choi) erinnert an Mangold.
Serrano-Schinken: luftgetrockneter Bergschinken (Spanien).
Sesam: ungeschälte Saat in den Farben Braun, Weiß (für Pikantes und Süßes) und Schwarz (nur für Süßes), die sich zum Garnieren und Würzen eignet. Zum Bestreuen von Gebäck benutzt man geschälten, leicht öligen Sesam.
Sesamöl: Speiseöl mit intensiv nussigem Geschmack. Sesamöl aus gerösteten Samen ist dunkler und noch aromatischer – vorsichtig dosieren! Es eignet sich nur zum Würzen, nicht zum Braten.
Shiitake: festfleischiger Pilz mit prallen, hellbraunen Kappen.
Sieben: Feste oder flüssige Zutaten durch ein Sieb geben, um gröbere Bestandteile herauszufiltern. Das Sieben von Mehl vergrößert die Aufnahme von Luft, dadurch wird das Gebäck lockerer.
Sieden: das Kochen von Speisen in 90–100 Grad heißer Flüssigkeit.
Simmern: >pochieren.
Sobrasada: süßlich-scharfe Paprikastreichwurst (Balearen)
Sojaöl: mildes Speiseöl aus Sojabohnen. Das neutrale Öl kann hoch erhitzt werden und eignet sich zum >Pfannenrühren im >Wok.
Sojasauce: Würzsauce auf Basis fermentierter Sojabohnen, die in Asien anstelle von Salz verwendet wird. Helle Sojasauce ist dünnflüssig und salzig, dunkle ist vier Wochen länger gereift, dickflüssig, süßlich-aromatisch und mit Karamell gefärbt.
Sorbet: Halbgefrorenes aus Fruchtmark, Champagner, Wein und anderen Zutaten, jedoch ohne Milch oder Sahne. Bei großen Menüs als Erfrischung vor oder nach dem Braten gereicht, sonst auch als Dessert.
Soufflé: feine, farceähnliche Masse – süß oder herzhaft –, die mit steif geschlagenem Eiweiß vermischt wird und beim Garen im Ofen aufgeht. Soufflés müssen anschließend sofort serviert werden, da sie bei Zimmertemperatur schnell zusammenfallen.
Spicken: >lardieren.
Sternanis: sternförmiges Gewürz mit Lakritzaroma. In jedem Stern stecken sechs bis acht Früchte mit je einem Samen.
Stifado: Schmorgericht mit Kalbfleisch, Hase oder Kaninchen. Mit Zimt gewürzt (Griechenland).
Strudel: Mehlspeise aus sehr dünn gezogenem Teig, pikant oder süß gefüllt, zusammengerollt und im Ofen gebacken.
Stubenküken: 3–5 Wochen alte Hühnchen zwischen 400 und 500 Gramm, die ursprünglich während der kalten Jahreszeit mit viel Futter und wenig Auslauf in der Stube aufgezogen wurden.
Sud: würzige Brühe, in der Fleisch, Fisch oder Gemüse kocht.
Sülze: Fleisch in Gelee. Verwendet werden oft Teile vom Kalbs- oder Schweinskopf, Schinken oder von fettreichen Fischen.
Suppengrün: erhältlich als fertig gepacktes Bündel, bestehend aus je einer Möhre, Porreestange, Petersilienwurzel und einem Stück Knollensellerie.
Suppenhuhn: ein nicht mehr junges Huhn, das erst durch stundenlanges Kochen gar wird. Es liefert die Basis für >Brühen, Suppen, Salate und >Ragouts.
Suprême: Zusatzbezeichnung für das beste Stück von einem Tier, auch „Königsstück" genannt.
Sushi: japanische Häppchen aus rohem Fisch und Reis. Nigiri-Sushi sind längliche Reisklößchen, gewürzt mit >Wasabi, mit einer Auflage aus Fisch. Maki sind mit Fisch oder Gemüse gefüllte, in Blattseetang gewickelte Reisrollen.
Szechuan-Pfeffer: rote Beeren eines Gelbholzbaumes mit anishaltigem, zitronigem Aroma, das entfernt an Pfeffer erinnert.

T

Tagliatelle: etwa 1 cm breite und 1 mm dicke Bandnudeln aus Eiernudelteig. Auch: Fettuccine. Sind sie doppelt so breit, heißen sie Pappardelle.
Tamarindensaft: gepresstes Mark der Tamarindenschote. Der säuerliche Saft enthält Weinsäure und bindet gut.
Tandoori: tonnenförmiger, dickwandiger Tonofen aus Indien, der mit Holzkohle beheizt wird. Darin wird das berühmte Tandoori-Chicken am Spieß gegart und *chapati*, eine traditionelle indische Brotsorte, gebacken.
Tapas: kleine Appetitmacher, die warm oder kalt sein können und oft in einer Tapas-Bar genossen werden (Spanien).
Tapenade: Paste aus Sardellen, Oliven, Kapern und Olivenöl.

Eine Spezialität aus der Provence, die oft auf geröstetes Brot gestrichen wird.
Tatar: rohes, mageres Muskelfleisch vom Rind, das durch den Fleischwolf gedreht wurde.
Tempura: Spezialität aus Japan. Gemüse, Pilze oder Meeresfrüchte werden durch Reismehlteig gezogen und in Öl ausgebacken. Den Teig gibt es fertig zu kaufen.
Teriyaki: japanisches Gericht vom Grill – mit einer aromatischen Sauce gleichen Namens, die während des Garens auf dem Fleisch eine Glasur bildet.
Terrine: pastetenartige Masse aus verschiedenen, vermischten Zutaten von Fisch bis Gänseleber. In einer Form zubereitet. >Pastete.
Tian: flache Steingutform und die darin gegarten Speisen.
Timbale: tassenartige, hitzebeständige Form für die Zubereitung portionsgerechter Speisen gleichen Namens, die nach dem Garen auf den Teller gestürzt werden.
Tocino de cielo: wörtlich „Himmelsspeckchen". Andalusisches Dessert aus Eigelb und Zucker.
Tofu: geschmacksneutraler Sojabohnenquark aus Sojamilch (eingeweichte, gemahlene und gekochte Sojabohnen). Tofu wird gegrillt oder gebraten.
Tom Yam: säuerlich-scharfe Suppe aus Thailand.
Torrone, turrón: türkischer Honig; weißer Nougat, aus Eiweiß, kandierten Früchten, Honig und Mandeln.
Tortilla: Omelette. Als Tortilla de patatas mit Kartoffeln, sonst – als Tortilla francesa – nur mit Eiern zubereitet (Spanien).
Tournedo: etwa 3 cm dicke Scheibe aus dem Rinderfilet zum Kurzbraten.
Tournieren: Gemüse auf einheitliche Größe und in dekorative Formen zuschneiden.
Tranche: Scheibe, Schnitte.
Tranchieren: entweder Teilstücke von Fleisch, Geflügel, Wild und Fisch in Scheiben schneiden oder ganze Tiere mit einem Messer vor dem Anrichten nach bestimmten Zuschnittregeln zerlegen.
Trüffel: Der edelste Speisepilz wächst in der Nähe von Baumwurzeln unter der Erde und ist nur mit gut trainierten Schweinen oder Hunden zu finden. Schwarze Trüffel eignet sich besonders gut zum Würzen. Weiße Trüffeln hobelt man am besten über warme Gerichte wie Risotto oder Rührei. Sommer- und Wintertrüffeln können es in Duft und Geschmack nicht mit den edlen Trüffeln aus dem Piemont und dem Périgord aufnehmen.

U

Überglänzen: >glacieren.
Überziehen: >nappieren.
Unterheben: eine leichte, locker aufgeschlagene, lufthaltige Mischung, z. B. Eischnee, mit einer schweren Masse, z. B. einer Creme, vermischen. Dazu die leichte Mischung auf die Masse geben und mit einem großen Löffel oder einem Teigspatel vorsichtig einarbeiten, damit beim Mischen möglichst wenig Luft entweicht. Der fertige Teig wird dadurch besonders locker.

V

Velouté: >weiße Grundsauce.
Vinaigrette: kalte, würzige Sauce auf Essigbasis mit Öl für Salate, gekochtes Fleisch, gedünsteten Fisch oder Spargel. Oft mit Schalotten, Kräutern, Senf, Kapern und Anchovis verfeinert.
Vol-au-vent: wörtlich „fliegt in die Luft". Rundes, hohles Blätterteigtürmchen für Pasteten mit pikantem Ragout oder mit Fruchtfüllungen. Wird heiß serviert.
Vorgefrieren: z. B. Gemüse im Ganzen oder in Stücken oder kleinere Früchte nebeneinander auf einem Tablett ausbreiten und in die Tiefkühlung stellen. Die gefrorenen Lebensmittel anschließend in Gefrierbeutel umfüllen. Dann haften sie nicht aneinander und können stückweise entnommen werden.
Vorspeise: ein warmes oder kaltes kleines Gericht, das nach den >Amuse-Gueules als erster Gang eines >Menüs serviert wird.
Vorteig: >Hefestück.

W

Wan Tan: knusprig frittierte oder gedämpfte Teigtaschen mit pikanter Füllung – auch als Einlage für Suppen. Die Teighüllen kann man fertig kaufen.
Wasabi: grüner japanischer Meerrettich. Es gibt ihn hier nur als fertige Paste oder Pulver zu kaufen. Vorsicht, scharf!
Wasserbad: >Bain-marie.
Wasserkastanie: knackige, weiße, maronenartige Früchte einer asiatischen Wasserpflanze. In Konservendosen erhältlich.
Weinschaum: auch Sabayon. Meist eiskalt servierte, schaumige Süßspeise aus Eigelb, Puderzucker, Wein und/oder anderen alkoholischen Zutaten. >Zabaione.
Weiße Grundsauce: leichte, weiße >Mehlschwitze, mit Kalbs- oder Geflügelfond aufgegossen und gewürzt. Bei der Zubereitung einer weißen Fischgrundsauce wird die Mehlschwitze mit Fischfond aufgegossen. >Fond.
Wok: dünnwandige Eisenpfanne mit gewölbtem Boden – ursprünglich für eine offene Feuerstelle erfunden. Man kann den Wok auch auf den Gasherd stellen – zum >Frittieren, >Pfannenrühren und >Dämpfen. Beim Pfannenrühren schiebt man fertig gegarte Speisen zum Warmhalten von der heißen Mitte an den Rand.

Y

Yamswurzel: Wurzelart, die wie die Kartoffel verwendet wird. Am meisten verbreitet ist die Wasser-Yam. Sie wird frittiert, gekocht, gebacken oder gedämpft. Für süße Gerichte geeignet.

Z

Zabaione, Zabaglione: warme Cremespeise aus Ei, Zucker und Marsala, einem Aperitif- und Dessertwein.
Zampone: gefüllter Schweinsfuß, zu Kartoffelpüree oder Linsen.
Zartmachen: zähes Fleisch durch Klopfen mit einem Fleischhammer, durch Einlegen in eine säurehaltige Marinade oder durch Abhängen (beim Metzger) mürbe machen. >Plattieren.
Zarzuela: Meeresfrüchte-Eintopf (Andalusien).
Zephir: eine feine, auf der Zunge zergehende >Farce aus Fisch, Geflügel, Krustentieren oder Wild, mit Schlagsahne vermischt.
Zeste: feiner Streifen aus der Oberfläche von Zitrusfrüchten. Die darunter liegende weiße Schicht der Schale darf der zitrusölhaltigen Zeste nicht anhaften, da sie bitter schmeckt.
Zicklein: 6–8 Wochen altes Jungtier der Ziege mit sehr zartem, aromatischem Fleisch.
Zimtkassie: auch Cassia. Innenrinde eines tropischen Baumes, die etwas dicker ist als herkömmlicher Zimt. Brennend-würziges Aroma.
Zitronengras: längliche, feste Stengel mit kräftigem, zitronenartigem Geschmack. Zum Kochen benutzt man den helleren unteren Teil. Unentbehrlich für viele Gerichte der thailändischen Küche.
Zuckercouleur: karamellisierter, abgelöschter Zucker zum Dunkelfärben von Speisen und Getränken. >Karamellisieren.
Zuckersirup: >Läuterzucker.
Zuppa inglese: Dessert aus Creme und mit Rum getränkten Biskuits.
Zur Rose abziehen: Eigelbe bzw. ganze Eier z. B. für eine Dessertcreme warm aufschlagen und dabei eine bestimmte Konsistenz erzeugen. Die gewünschte Festigkeit ist erreicht, wenn beim Rühren die Masse auf der Oberfläche eine rosenförmige Zeichnung zeigt.

Register

Rezepte: Stefan Marquard

Fotos: Jan C. Brettschneider

Layout: Anja Winteroll

Redaktion: Bettina Billerbeck

Lektorat: Cornelia Sahling, Rainer Finne

Kochassistenz: Wolfgang Marquard, Helmut Schwögler

Versuchsküche: Heide Günter

Produktion: Markus Plötz, Sabine Sälzer

Repro: Repro Schmidt, Dornbirn

Druck: Appl, Wemding

Impressum

Printed in Germany
ISBN 3-7742-1608-8